生英語ビッグデータから厳選

上級志向の英単語

Must-Have
マストハブ
300

300 Must-Have English Words for Advanced Learners

アルク

ネイティブと渡り合える、知的で洗練された英単語力を身に付ける。

あなたはネイティブスピーカーにYou speak good English!と言われたことはありますか？　この本を手に取られている方であれば、きっと生涯で一度は経験があるのではないでしょうか。褒められるとうれしいもの。でも、これって、ノンネイティブスピーカーにしては英語がうまい、ということ？　お互いストレスなく、対等にコミュニケーションがとれているのであれば、「英語がうまいね」なんて褒め言葉は出てこないのでは？　などと思ったことはありませんか？

この本は、そんな上級への壁の前で立ち止まっている方に向けて編まれた一冊です。話す英語も書く英語もなんとかこなせるのだけれど、明らかに表現力が乏しい、教養のあるネイティブスピーカーのボキャブラリーの多さに圧倒されたことがある、自分が知っている単語を使いまわしているだけで進歩がない、頭の中にあるイメージやアイデアがもっと明確に相手に伝わるような単語力がほしい、もっと気の利いた単語を使って周りをオッと言わせたい、単語力のなさがリスニング力の伸びを阻害している、あるいは、ネイティブスピーカーが自分のレベルに合わせて手加減してくれているのがわかってがっかりする、など。何か一つでも思い当たる節があるとしたら、きっとこの一冊から得るところがあるでしょう。

本書で学ぶ300個は、1971年に創刊し半世紀以上の歴史を持つ、声の雑誌『月刊ENGLISH JOURNAL』に掲載されたインタビューやスピーチ 約300万語から厳選しました。きちんとした場面で発せられた生の英語から、俗語や専門的な単語、流行語は極力除いて収集してあります。派生語や語源を使って芋づる式に数をたくさん学ぶのではなく、ネイティブスピーカーの発話において、使用実績の高い品詞や語形を見出し語とし、一度に学ぶ数も絞って丁寧に学習を進めるつくりになっています。単語の選定には「標準語彙水準 SVL12000（SVL = Standard Vocabulary List）」を用い、SVL8（「上級：読解の自信を深める英単語」）以上を主とし、SVL枠に収まりきらなかった圏外のものも掲載しています。

この一冊でgood Englishのさらにその先へと歩を進め、英語上級への壁を突破して、世界中の人々ともっと自由に、意思が交わせる楽しさを味わってください。英語であなたの人生がより豊かなものになりますよう、願ってやみません。

アルク　出版編集部

この本の使い方

本書は品詞別に4つのChapterに分かれています。どこからでも始められます。

(1) 英単語を和訳、英語の定義、短い例文と共に学びましょう。音声を使うとよりよく定着します。

英 単 語：SVL (Standard Vocabulary List)* のLevel 8(読解の自信を深める英単語)以上を基本に選別しています。

トラック番号：単語と例文が収録されているファイル名を指します。単語が2回、例文が1回読まれています。ポーズのところで言ってみましょう。

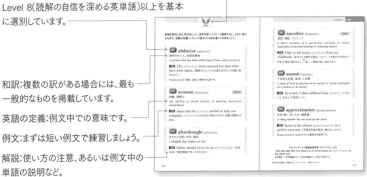

和訳：複数の訳がある場合には、最も一般的なものを掲載しています。

英語の定義：例文中での意味です。

例文：まずは短い例文で練習しましょう。

解説：使い方の注意、あるいは例文中の単語の説明など。

(2)Review：例文を穴埋め問題で復習します。

応用問題：文の中で英単語が活用できるよう、さらに長い例文で穴埋め問題にトライします。

(3) 応用問題の答え：答え合わせをした後で、自分でも使えるように音声に続いてリピートしましょう

Exercises ①：和訳と英単語のマッチング問題。

Exercises ②：英語の定義と英単語のマッチング問題。

＊アルクが開発した、英語学習者にとっての重要度とネイティブスピーカーの使用頻度に基づいた12000語の語彙リスト

Contents

Chapter 1 ● 表現できる事・ものが広がる品詞
名詞

Chapter 2 ● 英語らしい英語を話すための重要品詞❶

他動詞

Contents

Chapter 3 ● 英語らしい英語を話すための重要品詞❷

自動詞

Chapter 4 ● 表現をもっとカラフルにするための品詞

形容詞・副詞

※本文中に出てくる引用の実例は、『月刊ENGLISH JOURNAL』に掲載されたインタビューとスピーチからのものです。発言者の肩書きと所属先名などは掲載当時のものです。

音声ダウンロードの方法

本書では、音声マーク()の箇所で学習のための音声が聞けます。音声は、パソコン、またはスマートフォンで、無料でダウンロードできます。

....

🖥 パソコンで

アルク「ダウンロードセンター」https://portal-dlc.alc.co.jp から音声がダウンロードできます。書籍名(**上級志向の英単語 Must-Have 300**)、または商品コード**7023022**で検索し、画面の指示に従って操作してください。

....

📱 スマートフォンで

音声が再生できるアプリ「英語学習 booco」https://www.booco.jp をご利用ください。「英語学習 booco」のインストール方法は、表紙カバー袖でご案内しています。インストール後、ホーム画面下の「さがす」から、書籍名(**上級志向の英単語 Must-Have 300**)、または商品コード**7023022**で検索し、音声ファイルをダウンロードしてください。

....

※本サービスの内容は、予告なく変更する場合がございます。あらかじめご了承ください。

Chapter 1

表現できる事・ものが
広がる品詞

名詞

[012] buff

こんな
単語を
学びます

070 momentum: 勢い、気運

What are the reasons that brought Singapore here? One, good governance – anti-corruption; two, [it is] meritocratic and pragmatic. Going forward, if you drop out of those factors, you will lose **momentum**.

シンガポールをここまで導いた要因は何か？　一つは優れた統治―つまり腐敗防止です。二つ目は能力主義的で実利的であること。これらをなくして進み続けるならば、勢いは失われるでしょう。

リー・クアンユー（シンガポール初代首相）のインタビューより

単語を例文と共に学びましょう。音声を使ってリピート練習すると、よりよく覚えられます。英語の定義(イタリック部分)にも目を通しておきましょう。

---

001 **abductee** [æbdʌktíː]

誘拐された人、拉致被害者

a person who has been taken away from a place by force

例文 The abductees were rescued five days after they were taken. (誘拐された人たちは連れ去られた5日後に救出された)

※ abduction は「誘拐、拉致」の意味の名詞です。

---

002 **acumen** [əkjúːmən]　　　　　　**SVL11**

鋭敏、洞察力

the ability to think clearly in making decisions; shrewdness

例文 Jason has the acumen needed to help our company. (ジェイソンにはわが社を手助けするのに必要な洞察力がある)

---

003 **afterthought** [ǽftərθɔ̀ːt]

あとからの思い付き、補足

a thought that comes too late

例文 Safety should never be an afterthought. (安全は決して補足事項であってはならない)

004 **anecdote** [ǽnikdòut]　SVL9

逸話、秘話、エピソード

a short account of a particular incident or event, especially of an entertaining or amusing nature

例文 I like to tell funny anecdotes from my childhood.（私は子ども時代の面白いエピソードを話すのが好きだ）

※多くの場合「面白おかしい、楽しい」逸話を指して使われます。

005 **anomie** [ǽnəmìː]

不安定な状態、混迷した状態

a state of lack of purpose or no moral or social principles in a person or in society

例文 As a teen, I often suffered from anomie.（十代のころ、私はよく不安定だった）

006 **approximation** [əpràksəméiʃən]

近似（値）、近いもの、概算値

a thing similar but not exactly the same

例文 Space is the closest approximation to a perfect vacuum.（宇宙は完全な真空に最も近いものだ）

※approximate は「おおよその」の意味の形容詞です。

リサ・ランドール（理論物理学者）のインタビューより

I like this idea that one theory is, in some sense, an approximation to the other one.

ある意味、一方の理論はもう一方の近似値だという考えが好きです。

例文の復習です。日本語の意味になるよう、空欄を埋めましょう。埋められなかった場合には、前の見開きページに戻って確認しましょう（答えはこのページ下にあります）。

① 誘拐された人たちは連れ去られた5日後に救出された。

　　The ab＿＿＿＿＿ were rescued five days after they were taken.

② ジェイソンにはわが社を手助けするのに必要な洞察力がある。

　　Jason has the ac＿＿＿ needed to help our company.

③ 安全は決して補足事項であってはならない。

　　Safety should never be an af＿＿＿＿＿＿.

④ 私は子ども時代の面白いエピソードを話すのが好きだ。

　　I like to tell funny an＿＿＿＿＿ from my childhood.

⑤ 十代のころ、私はよく不安定だった。

　　As a teen, I often suffered from an＿＿＿.

⑥ 宇宙は完全な真空に最も近いものだ。

　　Space is the closest ap＿＿＿＿＿＿ to a perfect vacuum.

● Review の答え
① abductees　② acumen　③ afterthought　④ anecdotes　⑤ anomie
⑥ approximation

先ほどより例文が長くなります。ヒントも参考にしながら、日本語の意味になるよう空欄を埋めましょう（答えは次のページにあります）。

① 武装した男たちに誘拐された人たちは、学校から連れ去られた5日後に救出された。

The _____ w____ r_____ five days after they were taken from the school by armed men.

② ジェイソンには、わが社が新しい市場へ参入するのを手助けするのに必要な洞察力がある。

Jason h__ the _____ n_____ to help our company move into new markets.

③ 工事現場でも自宅でも、安全策は決して補足事項であってはならない。

In the home as well as at construction sites, safety should never b_ __ _____.

「補足事項」は数えられる名詞です。

④ 私は子どもたちが寝るときに、自分の子ども時代の面白いエピソードを話すのが好きだ。

I like to t____ f_____ _____ from my childhood to my children at bedtime.

⑤ 十代のころ、私はよく不安定で、他人から切り離されている気分になった。

As a teen, I often s_____ f____ _____ and felt detached from others.

⑥ 宇宙空間は密度が非常に低く、完全な真空に最も近いものとして知られている。

Outer space has very low density and is the c_____ known _____ t_ a perfect vacuum.

答え合わせをしましょう。さらに自分でも使えるよう、音声のあとについてリピートしてみましょう。

① 武装した男たちに誘拐された人たちは、学校から連れ去られた5日後に救出された。

The abductees were rescued five days after they were taken from the school by armed men.

② ジェイソンは、わが社が新しい市場参入を手助けするのに必要な洞察力を持っている。

Jason has the acumen needed to help our company move into new markets.

ここでは acumen の直後に that is が省略されているとも考えられます。

③ 工事現場でも自宅でも、安全策は決して補足事項であってはならない。

In the home as well as at construction sites, safety should never be an afterthought.

④ 私は子どもたちが寝るときに、自分の子ども時代の面白いエピソードを話すのが好きだ。

I like to tell funny anecdotes from my childhood to my children at bedtime.

⑤ 十代のころ、私はよく不安定で、他人から切り離されている気分になった。

As a teen, I often suffered from anomie and felt detached from others.

suffer from ～は「～(否定的な感情や病気など)にさいなまれる」の意味です。

⑥ 宇宙空間は密度が非常に低く、完全な真空に最も近いものとして知られている。

Outer space has very low density and is the closest known approximation to a perfect vacuum.

①左の**1.**～**6.**の単語に合う意味を右の**あ～か**から選び、カッコに記入しましょう（答えはこのページ下にあります）。

1. anomie　　　　　[　　] 　**あ** あとからの思いつき、補足

2. abductee　　　　[　　] 　**い** 不安定な状態、混迷した状態

3. approximation　[　　] 　**う** 誘拐された人、拉致被害者

4. afterthought　　[　　] 　**え** 近似（値）、近いもの、概算値

5. anecdote　　　　[　　] 　**お** 鋭敏、洞察力

6. acumen　　　　　[　　] 　**か** 逸話、秘話、エピソード

②左の**a.**～**f.**の英語の定義に合う単語を右の**あ～か**から選び、カッコに記入しましょう（答えはこのページ下にあります）。

a. a short account of a particular incident　[　　] 　**あ** anomie
or event, especially of an entertaining
or amusing nature　　　　　　　　　　　　　　　　　　**い** approximation

　　　　　　　　　　　　　　　　　　　　　　　　　　　　　う abductee
b. a thought that comes too late　　　　　　[　　]
　　　　　　　　　　　　　　　　　　　　　　　　　　　　　え anecdote
c. a person who has been taken away　　　[　　]
from a place by force　　　　　　　　　　　　　　　　**お** afterthought

d. a thing similar but not exactly the　　　[　　] 　**か** acumen
same

e. the ability to think clearly in making　　[　　]
decisions; shrewdness

f. a state of lack of purpose or no moral　　[　　]
or social principles in a person or in
society

単語を例文と共に学びましょう。音声を使ってリピート練習すると、よりよく覚えられます。英語の定義（イタリック部分）にも目を通しておきましょう。

---

007 arbitrator [ɑ́:rbətrèitər]

調停者、裁定人

a person officially selected to make a decision between two people or groups who do not agree

例文 An arbitrator was needed to settle the dispute. （その争議を鎮めるために裁定人が必要だった）

※ arbitrate の形で「（〜を）調停する、（〜を）仲裁する」の意味の動詞です。

---

008 bigot [bíɡət]

頑固者、偏見を持つ者

a person who is utterly intolerant of any differing belief, opinion, creed, etc.

例文 Jim is not a bigot, but he does have strong opinions. （ジムは頑固ではないが、強い意見を持っている）

---

009 blitz [blíts]

集中的な取り組み、電撃的なキャンペーン

a lot of energetic activity; an intensive campaign

例文 A major PR blitz would cost more than our budget allows. （大々的な広告キャンペーンは予算を超過する）

※ 軍事・戦争関連の文脈では、「猛攻、大空襲」などの意味で用いられます。

010 brainchild [bréintʃàild]

発明物、発案物

an original idea, plan, etc.

例文 It took 20 years to turn my brainchild into a product. （発明物を商品化するのに20年間かかった）

011 breadwinner [brédwìnər] 　SVL12

一家の稼ぎ手

the family member whose earnings support the other members

例文 The father was the main breadwinner. （父親は一家の主な稼ぎ手だった）

※「パンを勝ち取ってくる人」が転じて「稼ぎ手」を表します。

012 buff [bʌf] 　SVL10

ファン、マニア

a person who is very interested in and knows a lot about a particular subject

例文 He is a computer game buff. （彼は、コンピューターゲームのマニアだ）

※コンピューター関連の文脈で用いられる類義語に geek や nerd があります。

ゴードン・ムーア（インテル社創業者）のインタビューより
Quite by accident, they ran into Sherman Fairchild, who really was a technology buff.
まったくの偶然で、彼らはテクノロジーマニアのシャーマン・フェアチャイルドに出会いました。

例文の復習です。日本語の意味になるよう、空欄を埋めましょう。埋められなかった場合には、前の見開きページに戻って確認しましょう（答えはこのページ下にあります）。

① その争議を鎮めるために裁定人が必要だった。

An ar_____ was needed to settle the dispute.

② ジムは頑固ではないが、強い意見を持っている。

Jim is not a bi____, but he does have strong opinions.

③ 大々的な広告キャンペーンは予算を超過する。

A major PR bl____ would cost more than our budget allows.

④ 発明物を商品化にするのに20年間かかった。

It took 20 years to turn my br_____ into a product.

⑤ 父親は一家の主な稼ぎ手だった。

The father was the main br_____.

⑥ 彼は、コンピューターゲームのマニアだ。

He is a computer game bu___.

● Review の答え
① arbitrator　② bigot　③ blitz　④ brainchild　⑤ breadwinner　⑥ buff

先ほどより例文が長くなります。ヒントも参考にしながら、日本語の意味になるよう空欄を埋めましょう（答えは次のページにあります）。

① バスの運転手がストに突入したので、争議を鎮めるために裁定人が必要だった。

An _____ was needed to s_____ the d_____ when the bus drivers went on strike.

② ジムは頑固ではないが、強い意見を持っていて、そのせいで時に窮地に立たされる。

Jim is not a _____, but he does h___ some s_____ o_____ that get him into hot water at times.

get someone into hot water は「（人）を窮地に陥れる」の意味です。

③ 大々的な広告キャンペーンは予算を超過して、われわれのコスト削減の努力を無にするだろう。

A m_____ PR _____ would c____ more than our b_____ and disrupt all our efforts to cut our costs.

「予算を超過する」は「予算を上回るお金がかかる」ということです。

④ 発明物を商品化にするのに20年間かかったが、とうとうやり遂げた！

It took 20 years to t____ my _____ i____ a p_____, but I was finally able to do it!

⑤ 1950年代は、ほとんどの家庭で父親が一家の主な稼ぎ手だった。

In the 1950s, the father was the m____ _____ in most families.

⑥ 彼は、コンピューターゲームのマニアで、あまりにも長い時間をモニターの前で過ごしている。

He is a c_____ g____ _____ and spends too much time sitting in front of his monitor.

004

答え合わせをしましょう。さらに自分でも使えるよう、音声のあとについてリピートしてみましょう。

① バスの運転手がストに突入したので、争議を鎮めるために裁定人が必要だった。

An arbitrator was needed to settle the dispute when the bus drivers went on strike.

② ジムは頑固ではないが、強い意見を持っていて、そのせいで時に窮地に立たされる。

Jim is not a bigot, but he does have some strong opinions that get him into hot water at times.

③ 大々的な広告キャンペーンは予算を超過して、われわれのコスト削減の努力を無にするだろう。

A major PR blitz would cost more than our budget and disrupt all our efforts to cut our costs.

major は「大規模な、大きな」の意味でよく用いられる形容詞です。

④ 発明物を商品化にするのに20年間かかったが、とうとうやり遂げた！

It took 20 years to turn my brainchild into a product, but I was finally able to do it!

turn A into Bの形で「AをBに変える」の意味です。

⑤ 1950年代は、ほとんどの家庭で父親が一家の主な稼ぎ手だった。

In the 1950s, the father was the main breadwinner in most families.

⑥ 彼は、コンピューターゲームのマニアで、あまりに長い時間をモニターの前で過ごしている。

He is a computer game buff and spends too much time sitting in front of his monitor.

①左の1.～6.の単語に合う意味を右の**あ～か**から選び、カッコに記入しましょう。問題の一部は前の課からの出題です（答えはこのページ下にあります）。

1. brainchild   [   ]   **あ** 調停者、裁定人
2. arbitrator   [   ]   **い** 逸話、秘話、エピソード
3. breadwinner   [   ]   **う** 発明物、発案物
4. afterthought   [   ]   **え** 鋭敏、洞察力
5. anecdote   [   ]   **お** 一家の稼ぎ手
6. acumen   [   ]   **か** あとからの思いつき、補足

②左の**a.～f.**の英語の定義に合う単語を右の**あ～か**から選び、カッコに記入しましょう。問題の一部は前の課からの出題です（答えはこのページ下にあります）。

a. a lot of energetic activity; an intensive campaign   [   ]   **あ** buff

b. a person who is utterly intolerant of any differing belief, opinion, creed, etc.   [   ]   **い** bigot

    う abductee

    え anomie

c. a person who is very interested in and knows a lot about a particular subject   [   ]   **お** approximation

    か blitz

d. a thing similar but not exactly the same   [   ]

e. a person who has been taken away from a place by force   [   ]

f. a state of lack of purpose or no moral or social principles in a person or in society   [   ]

● Exercisesの答え
① 1. う   2. あ   3. お   4. か   5. い   6. え
② a. か   b. い   c. あ   d. お   e. う   f. え

単語を例文と共に学びましょう。音声を使ってリピート練習すると、よりよく覚えられます。英語の定義（イタリック部分）にも目を通しておきましょう。

013 bystander [báistæ̀ndər]

すぐ近くにいる人、傍観者

a person who stands near and watches something happening but does not participate

例文 Some bystanders took videos of the fire. （居合わせた何人かはその火事を動画撮影した）

※「そばに立っている人」が原義です。

014 cacophony [kəkáfəni]

耳障りな［不快な］音、不協和音

jarring sounds; an unpleasant mixture of loud sounds

例文 We heard a cacophony of noises coming from the kitchen. （台所からさまざまな物音が聞こえた）

※単語中の -phon- は「音」を表す語根です。

015 camaraderie [kàːməráːdəri]

仲間意識

a warm, friendly feeling toward people you work or share an experience with

例文 A good manager creates a sense of camaraderie. （優れたマネジャーは仲間意識を生み出す）

016 cardiologist [kà:rdiάlədʒist]

心臓専門医

a doctor who specializes in functions of the heart and its diseases

例文 My cardiologist says I should eat less fatty food. （私の心臓専門医は、脂肪性食品を控えるようにと言う）

※cardiologyは「心臓（病）学」の意味です。

017 caregiver [kéərgìvər]

（子ども、病人、高齢者などの）世話をする人、面倒をみる人

someone who takes care of a person requiring attention

例文 Martha's main caregiver was her aunt. （マーサの面倒を主に見ていたのは、彼女のおばだった）

018 cessation [seséiʃən] SVL12

中止、停止

a stopping or ceasing

例文 I've joined an alcohol cessation group. （私は禁酒団体に参加した）

※ceaseの形で「やむ、止まる、（〜を）止める」の意味の動詞です。

**ハワード・シュルツ（スターバックスコーヒーカンパニー会長兼CEO）の
インタビューより**

In that meeting, I asked our people: What does it mean not to be a bystander? To not overlook anything because everything matters.

この会議で、私はスタッフに質問をしました。傍観者にならないとは、どういうことか？と。つまり、何一つ見逃さないようにするのです、なにしろ、あらゆる物事が大切なのですから。

例文の復習です。日本語の意味になるよう、空欄を埋めましょう。埋められなかった場合には、前の見開きページに戻って確認しましょう（答えはこのページ下にあります）。

① 居合わせた何人かはその火事を動画撮影した。

Some by_____ took videos of the fire.

② 台所からさまざまな物音が聞こえた。

We heard a ca_____ of noises coming from the kitchen.

③ 優れたマネジャーは仲間意識を生み出す。

A good manager creates a sense of ca_____.

④ 私の心臓専門医は、脂肪性食品を控えるようにと言う。

My ca_____ says I should eat less fatty food.

⑤ マーサの面倒を主に見ていたのは、彼女のおばだった。

Martha's main ca_____ was her aunt.

⑥ 私は禁酒団体に参加した。

I've joined an alcohol ce_____ group.

●Reviewの答え
① bystander　② cacophony　③ camaraderie　④ cardiologist
⑤ caregiver　⑥ cessation

024

先ほどより例文が長くなります。ヒントも参考にしながら、日本語の意味になるよう空欄を埋めましょう（答えは次のページにあります）。

① 居合わせた何人かは、救助もせず、その火事を携帯電話で動画撮影した。

Instead of helping, some _____ just t____ v_____ of the fire on their mobile phones.

② ジムが豪華な夕飯を料理しようとして、台所からさまざまな物音が聞こえた。

As Jim tried cooking up our fancy dinner, we heard _ _____ of n_____ coming from the kitchen.

この「さまざまな物音」は、「雑音の不協和音」と考えましょう。

③ 優れたマネジャーは、社員同士の仲間意識を生み出す。

A good manager creates _ s_____ __ _____ among all the members of the staff.

この「仲間意識」は、「仲間としての感覚」と考えましょう。

④ 私の心臓専門医は、脂肪性食品を控えて、もっとたくさん運動したほうがいいと言う。

My _____ says I should e__ l____ fatty f____ and exercise a whole lot more.

⑤ マーサが幼い頃、彼女の面倒を主に見ていたのはおばだった。

When she was a little girl, Martha's m____ _____ was her aunt.

「面倒を主に見ていた」は「主な面倒を見る人」と名詞的に表現しましょう。

⑥ 私は最近、効果的な禁酒団体として知られている社交クラブに参加した。

I've recently joined a social club known to be an effective a_____ _____ g_____.

006

答え合わせをしましょう。さらに自分でも使えるよう、音声のあとについてリピートしてみましょう。

① 居合わせた何人かは、救助もせず、その火事を携帯電話で動画撮影した。

Instead of helping, some bystanders just took videos of the fire on their mobile phones.

② ジムが豪華な夕飯を料理しようとして、台所からさまざまな物音が聞こえた。

As Jim tried cooking up our fancy dinner, we heard a cacophony of noises coming from the kitchen.

なお、noise は「異音、騒音、雑音」といった意味の、どちらかというとネガティブなニュアンスを持った語です。

③ 優れたマネジャーは、社員同士の仲間意識を生み出す。

A good manager creates a sense of camaraderie among all the members of the staff.

a sense of ～の形で「～の感覚、～の意識」を表します。

④ 私の心臓専門医は、脂肪性食品を控えて、もっとたくさん運動したほうがいいと言う。

My cardiologist says I should eat less fatty food and exercise a whole lot more.

⑤ マーサが幼い頃、彼女の面倒を主に見ていたのはおばだった。

When she was a little girl, Martha's main caregiver was her aunt.

⑥ 私は最近、効果的な禁酒団体として知られている社交クラブに参加した。

I've recently joined a social club known to be an effective alcohol cessation group.

Exercises

① 左の**1.〜6.**の単語に合う意味を右の**あ〜か**から選び、カッコに記入しましょう。問題の一部は前の課からの出題です（答えはこのページ下にあります）。

1. cacophony   [   ]   **あ** ファン、マニア

2. cardiologist   [   ]   **い** 頑固者、偏見を持つ者

3. bystander   [   ]   **う** すぐ近くにいる人、傍観者

4. blitz   [   ]   **え** 集中的な取り組み、電撃的なキャンペーン

5. buff   [   ]   **お** 耳障りな［不快な］音、不協和音

6. bigot   [   ]   **か** 心臓専門医

② 左の**a.〜f.**の英語の定義に合う単語を右の**あ〜か**から選び、カッコに記入しましょう。問題の一部は前の課からの出題です（答えはこのページ下にあります）。

a. a warm, friendly feeling toward people you work or share an experience with   [   ]   **あ** breadwinner

い arbitrator

b. someone who takes care of a person requiring attention   [   ]   **う** cessation

え caregiver

c. a stopping or ceasing   [   ]   **お** camaraderie

d. a person officially selected to make a decision between two people or groups who do not agree   [   ]   **か** brainchild

e. an original idea, plan, etc.   [   ]

f. the family member whose earnings support the other members   [   ]

●**Exercises の答え**
①1. お 2. か 3. う 4. え 5. あ 6. い
②a. お b. え c. う d. い e. か f. あ

007

単語を例文と共に学びましょう。音声を使ってリピート練習すると、よりよく覚えられます。英語の定義（イタリック部分）にも目を通しておきましょう。

---

019 **civility** [sivíləti]　　　　SVL11

（形式的な）礼儀正しさ、礼節

formal politeness and courtesy in speech or behavior

例文 I feel that there's now less civility in public behavior.（公衆の行動から今、礼儀正しさが失われていると感じる）

※「社会的な、市民の」の意味のcivilと同語源です。

---

020 **clientele** [klàiəntél]　　　　SVL11

[集合的に]顧客、常連

all the clients or customers of a business when they are considered as a group

例文 That restaurant is popular among a very wealthy clientele.（そのレストランは、非常に裕福な顧客の間で人気がある）

※clientele は「顧客の集団」を表し、一方、client は個々の客を指します。

---

021 **collectivism** [kəléktəvìzm]

集団主義

the principle or practice of giving a group priority over each individual in it

例文 The children were brought up in a culture that values collectivism.（その子どもたちは集団主義を重んじる文化の中で育った）

028

022 **constituency** [kənstítʃuənsi]　SVL9

選挙区

one of the official districts of a country that elects someone to represent it in a parliament or legislature

例文 The measures include programs that benefit the mayor's constituency.（この施策には、市長の選挙区のためになるプログラムが含まれている）

※集合的に「有権者」を表すこともあります。

023 **crusader** [kruːséidər]

改革運動家、社会活動家

a person who campaigns vigorously for political, religious or social change; a campaigner

例文 My grandmother was a crusader for women's rights.（私の祖母は、女性の権利を求める社会活動家だった）

※大文字で始めると、歴史上の「十字軍戦士」を指します。

024 **cynicism** [sínəsìzm]　SVL11

不信、冷笑、皮肉

an inclination to believe that people are motivated purely by self-interest; distrustful

例文 There is cynicism among the team members.
（チームメンバーの中に不信感がある）

アウン・サン・スー・チー（ミャンマー民主化運動指導者）のインタビューより
In my constituency, 75 percent of our graduates are unemployed.
私の選挙区では、大学を卒業した人の75パーセントが失業中です。

例文の復習です。日本語の意味になるよう、空欄を埋めましょう。埋められなかった場合には、前の見開きページに戻って確認しましょう（答えはこのページ下にあります）。

① 公衆の行動から今、礼儀正しさが失われていると感じる。

I feel that there's now less ci_____ in public behavior.

② そのレストランは、非常に裕福な顧客の間で人気がある。

That restaurant is popular among a very wealthy cl_____.

③ その子どもたちは集団主義を重んじる文化の中で育った。

The children were brought up in a culture that values co_____.

④ この施策には、市長の選挙区のためになるプログラムが含まれている。

The measures include programs that benefit the mayor's co_____.

⑤ 私の祖母は、女性の権利を求める社会活動家だった。

My grandmother was a cr_____ for women's rights.

⑥ チームメンバーの中に不信感がある。

There is cy_____ among the team members.

先ほどより例文が長くなります。ヒントも参考にしながら、日本語の意味になるよう空欄を埋めましょう（答えは次のページにあります）。

① 公衆の行動から今、昔よりも礼儀正しさが失われていると感じる。

I feel that there's now l____ _____ in p_____ b_____
than there was in the past.

「礼儀正しさが失われている」は、「礼儀正しさが少ない」と考えましょう。

② そのレストランは優れた料理で知られ、非常に裕福な顧客の間で人気がある。

That restaurant is known for its fine dining and is popular
among a very w_____ _____.

③ その子どもたちは集団主義を重んじる文化の中で育ち、自分自身よりも他者のニーズを優先した。

The children were brought up in a c_____ t____ v_____
_____ and putting others' needs before their own.

この「重んじる」とは「価値を置く」という意味で捉えるといいでしょう。

④ この施策には、学校や道路など、市長の選挙区のためになるプログラムがいくつか含まれている。

The measures include several programs that b_____ the
m_____ _____, such as schools and roads.

「選挙区のためになる」は「選挙区に利益を与える」と考えましょう。

⑤ 私の祖母は、女性の権利を求める社会活動家で、大きな変革を成し遂げる助けとなった。

My grandmother was a _____ f__ w_____ r_____ and
helped to make great changes.

⑥ チームメンバーの中に不信感があると、チームワークは成り立たない。

Teamwork isn't possible when there ___ _____ a_____ the
team members.

008

答え合わせをしましょう。さらに自分でも使えるよう、音声のあとについてリピートしてみましょう。

① 公衆の行動から今、昔よりも礼儀正しさが失われていると感じる。

I feel that there's now less civility in public behavior than there was in the past.

② そのレストランは優れた料理で知られ、非常に裕福な顧客の間で人気がある。

That restaurant is known for its fine dining and is popular among a very wealthy clientele.

③ その子どもたちは集団主義を重んじる文化の中で育ち、自分自身よりも他者のニーズを優先した。

The children were brought up in a culture that values collectivism and putting others' needs before their own.

value は動詞として使われると「〜に価値を置く」、名詞では「価値」の意味を表します。

④ この施策には、学校や道路など、市長の選挙区のためになるプログラムがいくつか含まれている。

The measures include several programs that benefit the mayor's constituency, such as schools and roads.

⑤ 私の祖母は、女性の権利を求める社会活動家で、大きな変革を成し遂げる助けとなった。

My grandmother was a crusader for women's rights and helped to make great changes.

⑥ チームメンバーの中に不信感があると、チームワークは成り立たない。

Teamwork isn't possible when there is cynicism among the team members.

among（〜の中に）の直後には、可算名詞の複数形か集合名詞が来ます。

Exercises

① 左の**1.～6.**の単語に合う意味を右の**あ～か**から選び、カッコに記入しましょう。問題の一部は前の課からの出題です（答えはこのページ下にあります）。

1. crusader   [   ]   **あ** 不信、冷笑、皮肉

2. cynicism   [   ]   **い** 仲間意識

3. clientele   [   ]   **う** 改革運動家、社会活動家

4. cessation   [   ]   **え** ［集合的に］顧客、常連

5. caregiver   [   ]   **お** 中止、停止

6. camaraderie   [   ]   **か** （子ども、病人、高齢者などの）世話をする人、面倒をみる人

② 左の**a.～f.**の英語の定義に合う単語を右の**あ～か**から選び、カッコに記入しましょう。問題の一部は前の課からの出題です（答えはこのページ下にあります）。

a. the principle or practice of giving a group priority over each individual in it   [   ]   **あ** cardiologist

b. formal politeness and courtesy in speech or behavior   [   ]   **い** collectivism

c. one of the official districts of a country that elects someone to represent it in a parliament or legislature   [   ]   **う** cacophony

d. a doctor who specializes in functions of the heart and its diseases   [   ]   **え** bystander

e. a person who stands near and watches something happening but does not participate   [   ]   **お** civility

f. jarring sounds; an unpleasant mixture of loud sounds   [   ]   **か** constituency

●**Exercises の答え**
① 1. う   2. あ   3. え   4. お   5. か   6. い
② a. い   b. お   c. か   d. あ   e. え   f. う

単語を例文と共に学びましょう。音声を使ってリピート練習すると、よりよく覚えられます。英語の定義（イタリック部分）にも目を通しておきましょう。

025 defector [diféktər]

亡命者

a person who has forsaken a cause, party or nation for an opposing one

例文 The defectors told stories of hunger and beatings. （亡命者たちは飢えと暴行について話した）

026 deliberation [dilìbəréiʃən]

協議、評議、審議

long and careful consideration or discussion of alternatives

例文 We'll need another week of deliberations. （私たちにはさらに1週間の協議が必要だ）

※動詞deliberate（熟考する）、副詞deliberately（故意に）も覚えておきましょう。

027 delinquency [dilíŋkwənsi]　SVL12

（特に青少年の）非行

antisocial conduct, especially that committed by young people

例文 The school has a new policy to fight delinquency. （その学校には、非行に対処するための新しい方針がある）

※juvenile delinquency（青少年の非行）は頻出するセットフレーズです。

028 demeanor [dimíːnər] `SVL11`

振る舞い、態度

conduct; outward behavior or bearing

例文 His demeanor told me he was lying. （彼の態度が、嘘をついていることを物語っていた）

---

029 denomination [dinàmənéiʃən] `SVL11`

宗派

a particular religious group that has slightly different beliefs from other similar groups

例文 I like to visit churches of various denominations. （さまざまな宗派の教会を訪ねるのが好きだ）

---

030 disruption [disrʌ́pʃən] `SVL8`

混乱、分裂

a disturbance or situation in which something is prevented from continuing in its usual way

例文 Naps cause a disruption in my sleep pattern. （うたた寝は私の睡眠パターンを乱す）

※動詞形の disrupt（〜を混乱させる）も併せて覚えておきましょう。

ポール・クルーグマン（経済学者）のインタビューより

The disruption of relationships with the West now turns it probably into an actual recession, an actual slump, which it wasn't before – it was just a slowdown.

今では西側諸国との関係が悪くなったことで、本物の不況に陥っています。以前は違いました ――これまでは単なる低迷だったのです。

例文の復習です。日本語の意味になるよう、空欄を埋めましょう。埋められなかった場合には、前の見開きページに戻って確認しましょう（答えはこのページ下にあります）。

① 亡命者たちは飢えと暴行について話した。

The de_____ told stories of hunger and beatings.

② 私たちにはさらに1週間の協議が必要だ。

We'll need another week of de_____.

③ その学校には、非行に対処するための新しい方針がある。

The school has a new policy to fight de_____.

④ 彼の態度が、嘘をついていることを物語っていた。

His de_____ told me he was lying.

⑤ さまざまな宗派の教会を訪ねるのが好きだ。

I like to visit churches of various de_____.

⑥ うたた寝は私の睡眠パターンを乱す。

Naps cause a di_____ in my sleep pattern.

●Review の答え
① defectors　② deliberations　③ delinquency　④ demeanor
⑤ denominations　⑥ disruption

先ほどより例文が長くなります。ヒントも参考にしながら、日本語の意味になるよう空欄を埋めましょう（答えは次のページにあります）。

① 西側に無事にたどり着いた亡命者たちは、飢えと暴行について話した。

Once safely in the West, the _____ told stories of h_____ and b_____.

② 新しい会長を選出する前に、私たちにはさらに1週間の協議が必要だ。

We'll need a_____ w____ of _____ before we can decide on a new chairperson.

「さらに1週間の協議」は、「もう一つ別の週の協議」と考えましょう。

③ たくさんの生徒が窃盗で逮捕されたため、その学校には、非行に対処するための新しい方針がある。

After a number of students were arrested for theft, the school has a new policy to f_____ _____.

「非行に対処する」は「非行と闘う」と表現するといいでしょう。

④ 彼の態度の何かが、明らかに嘘をついていることを物語っていた。

There was something in h__ _____ that t____ me he was clearly l_____.

⑤ 自分がどこに最も合っているかを知るために、さまざまな宗派の教会を訪ねるのが好きだ。

I like to visit c_____ of v_____ _____ to see where I feel I most belong.

⑥ 午後の短いうたた寝ですら、私の睡眠パターンを乱すことに気づいた。

I've discovered that even short afternoon naps c_____ a _____ in my sleep pattern.

「睡眠パターンを乱す」は、「睡眠パターンに混乱を引き起こす」と表現します。

答え合わせをしましょう。さらに自分でも使えるよう、音声のあとについてリピートしてみましょう。

① 西側に無事に行き着いた亡命者たちは、飢えと暴行について話した。

Once safely in the West, the defectors told stories of hunger and beatings.

② 新しい会長を選出する前に、私たちにはさらに1週間の協議が必要だ。

We'll need another week of deliberations before we can decide on a new chairperson.

この another は one more と言い換えることもできます。

③ たくさんの生徒が窃盗で逮捕されたため、その学校には、非行に対処するための新しい方針がある。

After a number of students were arrested for theft, the school has a new policy to fight delinquency.

④ 彼の態度の何かが、明らかに嘘をついていることを物語っていた。

There was something in his demeanor that told me he was clearly lying.

⑤ 自分がどこに最も合っているかを知るために、さまざまな宗派の教会を訪ねるのが好きだ。

I like to visit churches of various denominations to see where I feel I most belong.

⑥ 午後の短いうたた寝ですら、私の睡眠パターンを乱すことに気づいた。

I've discovered that even short afternoon naps cause a disruption in my sleep pattern.

A causes B（AがBを引き起こす、Aが原因でBになる）の形はよく用いられるので、慣れておきましょう。

①左の**1.〜6.**の単語に合う意味を右の**あ〜か**から選び、カッコに記入しましょう。問題の一部は前の課からの出題です（答えはこのページ下にあります）。

1. defector   [   ]   **あ**（特に青少年の）非行

2. demeanor   [   ]   **い** 亡命者

3. delinquency   [   ]   **う**（形式的な）礼儀正しさ、礼節

4. constituency   [   ]   **え** 集団主義

5. collectivism   [   ]   **お** 選挙区

6. civility   [   ]   **か** 振る舞い、態度

②左の**a.〜f.**の英語の定義に合う単語を右の**あ〜か**から選び、カッコに記入しましょう。問題の一部は前の課からの出題です（答えはこのページ下にあります）。

a. a disturbance or situation in which something is prevented from continuing in its usual way   [   ]

b. long and careful consideration or discussion of alternatives   [   ]

c. a particular religious group that has slightly different beliefs from other similar groups   [   ]

d. all the clients or customers of a business when they are considered as a group   [   ]

e. an inclination to believe that people are motivated purely by self-interest; distrustful   [   ]

f. a person who campaigns vigorously for political, religious or social change; a campaigner   [   ]

あ deliberation
い cynicism
う disruption
え denomination
お crusader
か clientele

●Exercisesの答え
① 1. い   2. か   3. あ   4. お   5. え   6. う
② a. う   b. あ   c. え   d. か   e. い   f. お

単語を例文と共に学びましょう。音声を使ってリピート練習すると、よりよく覚えられます。英語の定義（イタリック部分）にも目を通しておきましょう。

---

031 **diversion** [divə́:rʒən]　　　SVL8

気分転換、気晴らし

a pastime or amusement that distracts the attention

例文 Cross-country skiing is one of my favorite diversions.（クロスカントリースキーは、大好きな気晴らしの一つだ）

※「多様性」を表すdiversityも同語源の名詞です。併せて覚えておきましょう。

---

032 **dogma** [dɔ́:gmə]　　　SVL9

教義、（組織や集団での）定説

beliefs or a set of principles laid down by an authority as incontrovertibly true

例文 The church is protective of its dogma.（その教会は教義を守っている）

---

033 **downfall** [dáunfɔ̀:l]　　　SVL9

失脚、失墜、破綻

sudden destruction of a person, organization or government, as from power or prosperity

例文 Pride can be your downfall.（プライドは身を滅ぼしかねない）

※「下に落ちること」が原義です。なお、動詞句 fall down は「落ちる、失敗する」の意味です。

---

034 **enzyme** [énzaim]　　　SVL10

酵素

a substance that helps a chemical change happen or happen more quickly

例文 The body contains a handful of enzymes.（体内にはいくつかの酵素がある）

035 **epiphany** [ipífəni]

霊的啓示、ひらめき

a moment of sudden and great revelation; flash of insight

例文 She had an epiphany about her life's purpose.（彼女は人生の目的について啓示を受けた）

036 **epitome** [ipítəmi]　　　SVL12

要約、縮図、典型

a person or thing that is a perfect example of a certain type or quality

例文 My grandmother is the epitome of gentle kindness.（私の祖母は、優しい思いやりの典型のような人だ）

※「要約」の意味ではsummaryが類義語の一つです。併せて覚えましょう。

ミチオ・カク（理論物理学者）のインタビューより

A DNA chip will detect fragments of genes, enzymes, proteins and cells from cancer maybe 10 years before a tumor forms.

DNAチップは、腫瘍が形成されるよりも10年先駆けて、がんの遺伝子や酵素、タンパク質、細胞の断片を発見するでしょう。

例文の復習です。日本語の意味になるよう、空欄を埋めましょう。埋められなかった場合には、前の見開きページに戻って確認しましょう（答えはこのページ下にあります）。

① クロスカントリースキーは、大好きな気晴らしの一つだ。

Cross-country skiing is one of my favorite di_____.

② その教会は教義を守っている。

The church is protective of its do____.

③ プライドは身を滅ぼしかねない。

Pride can be your do_____.

④ 体内にはいくつかの酵素がある。

The body contains a handful of en_____.

⑤ 彼女は人生の目的について啓示を受けた。

She had an ep_____ about her life's purpose.

⑥ 私の祖母は、優しい思いやりの典型のような人だ。

My grandmother is the ep_____ of gentle kindness.

先ほどより例文が長くなります。ヒントも参考にしながら、日本語の意味になるよう空欄を埋めましょう（答えは次のページにあります）。

① クロスカントリースキーは、長く寒い冬の間の大好きな気晴らしの一つだ。

Cross-country skiing is one of my f_____ _____ during the long, cold winter.

② その教会は脅威を感じて、いまや過剰に教義を守っているという説もある。

Some believe the church feels threatened and is now overly p_____ of its _____.

③ 高すぎるプライドは身を滅ぼしかねないので、謙虚になろうとしなければならない。

You have to learn to be humble because too much p_____ can be y____ _____.

この「身を滅ぼす」は、「自らの失墜になる」と考えましょう。

④ 人間の体内には、糖質を分解するいくつかの酵素がある。

The human body contains a handful of _____ that b_____ d____ sugars.

「分解する」には、ある動詞＋副詞のフレーズを使います。

⑤ 彼女は大きな手術から回復する中で、人生の目的について啓示を受けた。

While recovering from major surgery, she ____ an _____ about her life's purpose.

「啓示を受けた」は、「啓示を手に入れた、啓示を持った」と表現しましょう。

⑥ 私の祖母はいつも笑みを絶やさず、優しさの典型のような人だ。

My grandmother always has a smile on her face and is the _____ of gentle k_____.

答え合わせをしましょう。さらに自分でも使えるよう、音声のあとについてリピートしてみましょう。

① クロスカントリースキーは、長く寒い冬の間の大好きな気晴らしの一つだ。

Cross-country skiing is one of my favorite diversions during the long, cold winter.

② その教会は脅威を感じて、いまや過剰に教義を守っているという説もある。

Some believe the church feels threatened and is now overly protective of its dogma.

be protective of 〜の形で「〜を守る」の意味です。

③ 高すぎるプライドは身を滅ぼしかねないので、謙虚になろうとしなければならない。

You have to learn to be humble because too much pride can be your downfall.

④ 人間の体内には、糖質を分解するいくつかの酵素がある。

The human body contains a handful of enzymes that break down sugars.

break down 〜で「〜を分解する」の意味を表します。

⑤ 彼女は大きな手術から回復する中で、人生の目的について啓示を受けた。

While recovering from major surgery, she had an epiphany about her life's purpose.

have an epiphany about 〜で「〜について啓示を受ける」の意味です。

⑥ 私の祖母はいつも笑みを絶やさず、優しさの典型のような人だ。

My grandmother always has a smile on her face and is the epitome of gentle kindness.

①左の1.～6.の単語に合う意味を右のあ～かから選び、カッコに記入しましょう。問題の一部は前の課からの出題です（答えはこのページ下にあります）。

1. downfall　　　　[　　]　　あ 混乱、分裂

2. dogma　　　　　[　　]　　い 宗派

3. diversion　　　　[　　]　　う 失脚、失墜、破綻

4. deliberation　　 [　　]　　え 教義、（組織や集団での）定説

5. disruption　　　 [　　]　　お 気分転換、気晴らし

6. denomination　 [　　]　　か 協議、評議、審議

②左のa.～f.の英語の定義に合う単語を右のあ～かから選び、カッコに記入しましょう。問題の一部は前の課からの出題です（答えはこのページ下にあります）。

a. a moment of sudden and great revelation; [　　]　　あ demeanor
flash of insight

b. a person or thing that is a perfect example [　　]　　い epitome
of a certain type or quality

c. a substance that helps a chemical change [　　]　　う defector
happen or happen more quickly

d. antisocial conduct, especially that [　　]　　え epiphany
committed by young people

e. conduct; outward behavior or bearing [　　]　　お delinquency

f. a person who has forsaken a cause, party [　　]　　か enzyme
or nation for an opposing one

かdemeanor
いepitome
うdefector
えepiphany
おdelinquency
かenzyme

⬤Exercisesの答え
① 1. う　2. え　3. お　4. か　5. あ　6. い
② a. え　b. い　c. か　d. お　e. あ　f. う

単語を例文と共に学びましょう。音声を使ってリピート練習すると、よりよく覚えられます。英語の定義（イタリック部分）にも目を通しておきましょう。

---

037 **expertise** [èkspərtíːz]　　　SVL7

専門知識、専門的見解

expert skill, judgement or knowledge in a particular field

例文 My doctor has special expertise in heart health. （私の担当医には、心臓の健康に関する専門知識がある）

※関連語としてexpert（専門家）も押さえておきましょう。

---

038 **exploitation** [èksplɔitéiʃən]　　　SVL8

開発

the action of making use of and benefiting from resources

例文 Exploitation of the land hasn't come here yet. （土地開発は、ここにはまだ及んでいない）

※動詞形exploit（〜を開発する、〜を利用する）も併せて覚えておきましょう。

---

039 **flop** [fláp]　　　SVL10

失敗（作）

[informal] a total failure

例文 Many products turn out to be flops. （多くの商品が失敗に終わる）

040 **foyer** [fɔ́iər]　　　SVL12

玄関ホール、ロビー

an entrance hall or other open area in a building used by the public, especially in a hotel or theater

例文 The hotel has a big, beautiful foyer. (そのホテルには大きく、美しい玄関ホールがある)

---

041 **fraction** [frǽkʃən]　　　SVL6

ほんの少し、少量

a small amount or part; portion

例文 We only keep a fraction of our profits. (私たちの手元には利益のほんの一部しか残らない)

※数学用語として「分数、比」の意味で用いられる点に注意しましょう。

---

042 **frenzy** [frénzi]　　　SVL10

熱、熱狂、狂乱

a state or period of wild behavior or uncontrolled excitement

例文 I went on a cleaning frenzy before my guests arrived. (客の到着前に、私は取り付かれたように掃除をした)

※a buying frenzy(購買熱)という定型句もあります。

例文の復習です。日本語の意味になるよう、空欄を埋めましょう。埋められなかった場合には、前の見開きページに戻って確認しましょう（答えはこのページ下にあります）。

① 私の担当医には、心臓の健康に関する専門知識がある。

My doctor has special ex＿＿＿＿ in heart health.

② 土地開発は、ここにはまだ及んでいない。

Ex＿＿＿＿＿＿ of the land hasn't come here yet.

③ 多くの商品が失敗に終わる。

Many products turn out to be fl＿＿.

④ そのホテルには大きく、美しい玄関ホールがある。

The hotel has a big, beautiful fo＿＿.

⑤ 私たちの手元には利益のほんの一部しか残らない。

We only keep a fr＿＿＿＿ of our profits.

⑥ 客の到着前に、私は取り付かれたように掃除をした。

I went on a cleaning fr＿＿＿ before my guests arrived.

●Reviewの答え
① expertise ② Exploitation ③ flops ④ foyer ⑤ fraction ⑥ frenzy

先ほどより例文が長くなります。ヒントも参考にしながら、日本語の意味になるよう空欄を埋めましょう（答えは次のページにあります）。

① 私の担当医には、心臓の健康に関する専門知識があり、全国各地の大学で講演をしている。

My doctor has s_____ _____ in heart health and gives lectures at universities across the country.

② 土地開発は、この砂漠地域にはまだ及んでいないが、それも時間の問題だ。

_____ of the l____ hasn't come to this desert area here yet, but it's just a matter of time.

③ 書類上では素晴らしく見える多くの商品が、市場では失敗に終わる。

Many products that look great on paper t____ o___ to b_ _____ in the marketplace.

「失敗に終わる」は、「失敗だと分かる」と考えましょう。

④ そのホテルには、大きく、美しい玄関ホールがあるが、建物の他の部分はかなり小さい。

The hotel has a b___, b_____ _____, but the rest of the building is quite small.

⑤ 税金やその他の費用を払い終えたあと、私たちの手元には利益のほんの一部しか残らない。

After we finish paying the taxes and other costs, we only keep _ _____ ___ our profits.

「～のほんの一部」というまとまりを表現してみましょう。

⑥ 客の到着前に、私は取り付かれたように掃除をしたが、そのあと疲れすぎて彼らと話ができなかった。

I went on a c_____ _____ before my guests arrived but then was too tired to talk to them.

答え合わせをしましょう。さらに自分でも使えるよう、音声のあとについてリピートしてみましょう。

① 私の担当医には、心臓の健康に関する専門知識があり、全国各地の大学で講演をしている。

My doctor has special expertise in heart health and gives lectures at universities across the country.

special expertise は意味が重複しているように思えますが、よく用いられます。

② 土地開発は、この砂漠地域にはまだ及んでいないが、それも時間の問題だ。

Exploitation of the land hasn't come to this desert area here yet, but it's just a matter of time.

③ 書類上では素晴らしく見える多くの商品が、市場では失敗に終わる。

Many products that look great on paper turn out to be flops in the marketplace.

on paper は、「書面[書類]上では、理論上は、計画段階では」の意味です。

④ そのホテルには、大きく、美しい玄関ホールがあるが、建物の他の部分はかなり小さい。

The hotel has a big, beautiful foyer, but the rest of the building is quite small.

⑤ 税金やその他の費用を払い終えたあと、私たちの手元には利益のほんの一部しか残らない。

After we finish paying the taxes and other costs, we only keep a fraction of our profits.

⑥ 客の到着前に、私は取り付かれたように掃除をしたが、そのあと疲れすぎて彼らと話ができなかった。

I went on a cleaning frenzy before my guests arrived but then was too tired to talk to them.

①左の**1.**～**6.**の単語に合う意味を右の**あ～か**から選び、カッコに記入しましょう。問題の一部は前の課からの出題です（答えはこのページ下にあります）。

1. fraction　　　　[　　]　　**あ** 霊的啓示、ひらめき

2. exploitation　　[　　]　　**い** 開発

3. foyer　　　　　[　　]　　**う** 要約、縮図、典型

4. epiphany　　　 [　　]　　**え** ほんの少し、少量

5. enzyme　　　　[　　]　　**お** 酵素

6. epitome　　　　[　　]　　**か** 玄関ホール、ロビー

②左の**a.**～**f.**の英語の定義に合う単語を右の**あ～か**から選び、カッコに記入しましょう。問題の一部は前の課からの出題です（答えはこのページ下にあります）。

a. expert skill, judgement or knowledge　　[　　]　　**あ** frenzy
in a particular field　　　　　　　　　　　　　　　　**い** dogma

b. [informal] a total failure　　　　　　　　[　　]　　**う** downfall

c. a state or period of wild behavior or　　[　　]　　**え** diversion
uncontrolled excitement　　　　　　　　　　　　　**お** flop

d. beliefs or a set of principles laid down　[　　]　　**か** expertise
by an authority as incontrovertibly true

e. a pastime or amusement that distracts　[　　]
the attention

f. sudden destruction of a person,　　　　　[　　]
organization or government, as from
power or prosperity

単語を例文と共に学びましょう。音声を使ってリピート練習すると、よりよく覚えられます。英語の定義（イタリック部分）にも目を通しておきましょう。

---

043 **genesis** [dʒénəsis]　　　SVL11

始まり、起源、発生

the origin or way in which something comes to be

例文 This stand was the genesis of a worldwide restaurant chain. （このスタンドが、世界的なレストランチェーンの発端だった）

※ genesisの類義語の一つにoriginがあります。併せて覚えておきましょう。

---

044 **gloom** [glú:m]　　　SVL8

陰気な雰囲気、憂うつ

a state of depression or hopelessness

例文 The travel industry went through a period of gloom last year. （旅行業界には昨年、暗い時期があった）

---

045 **grievance** [grí:vəns]　　　SVL10

苦情の種、不満の原因

a real or imagined cause for complaint, especially due to unfair treatment

例文 Some employees had a grievance with the company. （一部の従業員は、会社に不満を持っていた）

046 hallucination [həlú:sənéiʃən]　SVL11

幻覚

an experience in which you see, hear, smell or feel something that does not exist

例文 Lack of sleep can cause hallucinations. (睡眠不足は、幻覚を引き起こす可能性がある)

047 haven [héivən]　SVL9

避難所、安息所

a sheltered place of safety or refuge

例文 The domestic airport lounge became our haven. (国内線空港ラウンジは、私たちの安息の地になった)

※a tax haven(租税回避地、タックスヘイブン)はよく用いられます。

048 heterosexual [hètərəsékʃuəl]　SVL11

異性愛者

a person who is romantically or sexually attracted to the opposite sex

例文 Heterosexuals account for 24 percent of HIV cases. (異性愛者がHIV患者の24パーセントを占めている)

※「異性愛者の」の意味の形容詞としても用いられます。

ミシェル・チクワニネ(コンゴ民主共和国・元少年兵)のインタビューより
It wasn't a hallucination. They actually forced me to kill my best friend.
幻覚ではありませんでした。彼らは本当に、私に親友を殺させたのです。

例文の復習です。日本語の意味になるよう、空欄を埋めましょう。埋められなかった場合には、前の見開きページに戻って確認しましょう(答えはこのページ下にあります)。

① このスタンドが、世界的なレストランチェーンの発端だった。

This stand was the ge＿＿＿ of a worldwide restaurant chain.

② 旅行業界には昨年、暗い時期があった。

The travel industry went through a period of gl＿＿ last year.

③ 一部の従業員は、会社に不平を持っていた。

Some employees had a gr＿＿＿＿ with the company.

④ 睡眠不足は、幻覚を引き起こす可能性がある。

Lack of sleep can cause ha＿＿＿＿＿.

⑤ 国内線空港ラウンジは、私たちの安息の地になった。

The domestic airport lounge became our ha＿＿.

⑥ 異性愛者がHIV患者の24パーセントを占めている。

He＿＿＿＿＿ account for 24 percent of HIV cases.

●Reviewの答え
① genesis　② gloom　③ grievance　④ hallucinations　⑤ haven
⑥ Heterosexuals

先ほどより例文が長くなります。ヒントも参考にしながら、日本語の意味になるよう空欄を埋めましょう(答えは次のページにあります)。

① 安くておいしいハンバーガーを提供するこのスタンドが、世界的なレストランチェーンの発端だった。

This stand offering cheap but tasty hamburgers was the _____ __ a worldwide restaurant chain.

② 旅行業界には昨年、暗い時期があったが、その後、持ち直した。

The travel industry went through _ p_____ __ _____ last year, but it has since picked up.

「暗い時期」は、「沈滞の時期、沈滞した時期」と考えましょう。

③ 一部の従業員は、残業代が支払われないことで会社に不満を持っていた。

Some employees h__ a _____ w____ the company over not being paid for their overtime work.

④ 睡眠不足は、幻覚を引き起こす可能性があり、車の運転を非常に危険なものにする。

Lack of sleep can c_____ _____, making driving extremely dangerous.

⑤ 快適な座席と無料Wi-Fiを備えた国内線空港ラウンジは、私たちの安息の地となった。

With its comfortable seating and free Wi-Fi, the domestic airport lounge b_____ o__ _____.

⑥ 異性愛者がHIV患者の24パーセントを占めており、その患者のうちの30パーセントが女性だ。

_____ a_____ f__ 24 percent of HIV cases, with 30 percent of those patients being female.

「～(割合など)を占める」の意味の句動詞を考えてみましょう。

答え合わせをしましょう。さらに自分でも使えるよう、音声のあとについてリピートしてみましょう。

① 安くておいしいハンバーガーを提供するこのスタンドが、世界的なレストランチェーンの発端だった。

This stand offering cheap but tasty hamburgers was the genesis of a worldwide restaurant chain.

② 旅行業界には昨年、暗い時期があったが、その後、持ち直した。

The travel industry went through a period of gloom last year, but it has since picked up.

③ 一部の従業員は、残業代が支払われないことで会社に不満を持っていた。

Some employees had a grievance with the company over not being paid for their overtime work.

have a grievance with A over B（Aに対してBを理由に不満を持つ）の形を覚えましょう。

④ 睡眠不足は、幻覚を引き起こす可能性があり、車の運転を非常に危険なものにする。

Lack of sleep can cause hallucinations, making driving extremely dangerous.

⑤ 快適な座席と無料Wi-Fiを備えた国内線空港ラウンジは、私たちの安息の地となった。

With its comfortable seating and free Wi-Fi, the domestic airport lounge became our haven.

⑥ 異性愛者がHIV患者の24パーセントを占めており、その患者のうちの30パーセントが女性だ。

Heterosexuals account for 24 percent of HIV cases, with 30 percent of those patients being female.

①左の1.～6.の単語に合う意味を右の**あ～か**から選び、カッコに記入しましょう。問題の一部は前の課からの出題です(答えはこのページ下にあります)。

1. grievance [　　] **あ** 始まり、起源、発生

2. heterosexual [　　] **い** 専門知識、専門的見解

3. genesis [　　] **う** 熱、熱狂、狂乱

4. frenzy [　　] **え** 失敗(作)

5. expertise [　　] **お** 異性愛者

6. flop [　　] **か** 苦情の種、不満の原因

②左の**a.**～**f.**の英語の定義に合う単語を右の**あ～か**から選び、カッコに記入しましょう。問題の一部は前の課からの出題です(答えはこのページ下にあります)。

a. an experience in which you see, hear, smell or feel something that does not exist [　　]

b. a sheltered place of safety or refuge [　　]

c. a state of depression or hopelessness [　　]

d. the action of making use of and benefiting from resources [　　]

e. a small amount or part; portion [　　]

f. an entrance hall or other open area in a building used by the public, especially in a hotel or theater [　　]

あ exploitation

い haven

う hallucination

え fraction

お foyer

か gloom

....

単語を例文と共に学びましょう。音声を使ってリピート練習すると、よりよく覚えられます。英語の定義（イタリック部分）にも目を通しておきましょう。

---

049 hiccup [híkʌp]　　　SVL12

小さな支障、一時的な遅延

[informal] a problem that interrupts or delays something for a while but does not usually cause serious difficulties

例文 The building project had some hiccups.（その建築プロジェクトにはいくつかの支障があった）

※ hiccup は「しゃっくり」の意味でも用いられます。

---

050 hype [háip]　　　SVL10

誇大広告、前宣伝

a situation in which something is sensationally advertised and discussed in newspapers, on television, etc.

例文 Despite all the hype, the movie wasn't very good.（すごい前宣伝にもかかわらず、この映画の出来はあまり良くなかった）

---

051 implication [ìmplikéiʃən]　　　SVL8

影響、含意、意味合い、密接な関係

the effect that an action or a decision will have on something else

例文 An earthquake can have long-term economic implications.（地震は、長期的な経済的影響を及ぼしかねない）

※動詞形 imply（～をほのめかす、～を含意する）も併せて覚えましょう。

052 impropriety [ɪmprəpráiəti]

不適切、不穏当

failure to observe standards of modesty or honesty; improper behavior or action

例文 The rumors of sexual impropriety caused the teacher to quit.（性的不品行のうわさが原因で、その教師は辞職した）

※propriety（適切さ）の反意語と捉えておくといいでしょう。

053 inception [insépʃən]　SVL12

発端、開始、設立

the establishment or the instance of the beginning of an institution or activity

例文 Since its inception, the company has steadily expanded.（創業以来、その企業は着実に規模を拡大している）

054 incumbent [inkʌ́mbənt]　SVL10

現職（者）、在任（者）

the holder of an official post at a particular time

例文 The incumbent usually has a better chance of winning.（通常、現職のほうが勝つ可能性が高い）

※incumbentは形容詞（現職の、在職の）としても用いられます。

Review

例文の復習です。日本語の意味になるよう、空欄を埋めましょう。埋められなかった場合には、前の見開きページに戻って確認しましょう（答えはこのページ下にあります）。

① その建築プロジェクトにはいくつかの支障があった。

The building project had some hi_____.

② すごい前宣伝にもかかわらず、この映画の出来はあまり良くなかった。

Despite all the hy___, the movie wasn't very good.

③ 地震は、長期的な経済的影響を及ぼしかねない。

An earthquake can have long-term economic im_____.

④ 性的不品行のうわさが原因で、その教師は辞職した。

The rumors of sexual im_____ caused the teacher to quit.

⑤ 創業以来、その企業は着実に規模を拡大している。

Since its in_____, the company has steadily expanded.

⑥ 通常、現職のほうが勝つ可能性が高い。

The in_____ usually has a better chance of winning.

先ほどより例文が長くなります。ヒントも参考にしながら、日本語の意味になるよう空欄を埋めましょう（答えは次のページにあります）。

① その建築プロジェクトにはいくつかの支障があったが、今やすべてがスムーズに進行しているようだ。

The building project had s____ _____, but everything seems to be running smoothly now.

② すごい前宣伝にもかかわらず、映画の出来はあまり良くなく、興行的に失敗した。

D_____ all the _____, the movie wasn't very good and failed at the box office.

③ 地震やその他の似た自然災害は、長期的な経済的影響を及ぼしかねない。

An earthquake or any similar natural disaster can have l____-_____ e_____ _____.

「長期的な」はハイフンを用いた複合語です。

④ 性的不品行のうわさが原因で、その教師は解雇される前に辞職した。

The rumors of s_____ _____ caused the teacher to quit before he could be fired.

⑤ 創業以来、その企業は着実に規模を拡大し、現在では世界的チェーンだ。

S_____ its _____, the company has steadily expanded and is now a worldwide chain.

⑥ 通常、選挙では現職のほうが挑戦者よりも勝つ可能性が高い。

The _____ usually has a b_____ c_____ of winning an election than a challenger does.

答え合わせをしましょう。さらに自分でも使えるよう、音声のあとについてリピートしてみましょう。

① その建築プロジェクトはいくつかの支障があったが、今やすべてがスムーズに進行しているようだ。

The building project had some hiccups, but everything seems to be running smoothly now.

② すごい前宣伝にもかかわらず、映画の出来はあまり良くなく、興行的に失敗した。

Despite all the hype, the movie wasn't very good and failed at the box office.

③ 地震やその他の似た自然災害は、長期的な経済的影響を及ぼしかねない。

An earthquake or any similar natural disaster can have long-term economic implications.

④ 性的不品行のうわさが原因で、その教師は解雇される前に辞職した。

The rumors of sexual impropriety caused the teacher to quit before he could be fired.

⑤ 創業以来、その企業は着実に規模を拡大し、現在では世界的チェーンだ。

Since its inception, the company has steadily expanded and is now a worldwide chain.

⑥ 通常、選挙では現職のほうが挑戦者よりも勝つ可能性が高い。

The incumbent usually has a better chance of winning an election than a challenger does.

①左の1.〜6.の単語に合う意味を右の**あ〜か**から選び、カッコに記入しましょう。問題の一部は前の課からの出題です（答えはこのページ下にあります）。

1. hiccup　　　　[　　] 　　**あ** 陰気な雰囲気、憂うつ

2. incumbent　　[　　] 　　**い** 小さな支障、一時的な遅延

3. impropriety　[　　] 　　**う** 避難所、安息所

4. hallucination [　　] 　　**え** 現職（者）、在任（者）

5. gloom　　　　[　　] 　　**お** 不適切、不穏当

6. haven　　　　[　　] 　　**か** 幻覚

②左の**a.**〜**f.**の英語の定義に合う単語を右の**あ〜か**から選び、カッコに記入しましょう。問題の一部は前の課からの出題です（答えはこのページ下にあります）。

a. the effect that an action or a decision will have on something else　[　　]

b. a situation in which something is sensationally advertised and discussed in newspapers, on television, etc.　[　　]

c. the establishment or the instance of the beginning of an institution or activity　[　　]

d. a real or imagined cause for complaint, especially due to unfair treatment　[　　]

e. the origin or way in which something comes to be　[　　]

f. a person who is romantically or sexually attracted to the opposite sex　[　　]

あ heterosexual

い genesis

う grievance

え implication

お inception

か hype

● Exercises の答え

① 1. い　2. え　3. お　4. か　5. あ　6. う

② a. え　b. か　c. お　d. う　e. い　f. あ

単語を例文と共に学びましょう。音声を使ってリピート練習すると、よりよく覚えられます。英語の定義（イタリック部分）にも目を通しておきましょう。

---

055 **indictment** [indáitmənt]　　　　　　**SVL10**

起訴、告訴

a formal accusation or charge of a serious crime

例文 His indictment made it impossible for him to keep working. （彼は起訴されて、仕事を続けられなくなった）

※語中のcを発音しない点に注意しましょう。

---

056 **industrialist** [indʌ́striəlist]

実業家

an owner of or an employee in a high position in an industrial enterprise

例文 A group of industrialists is paying to build an opera house. （ある実業家グループが、オペラハウス建設に出資している）

---

057 **influx** [ínflʌ̀ks]　　　　　　**SVL10**

流入、流れ込むこと、殺到

the continual arrival or entry of large numbers of people or things

例文 There's been an influx of flu patients at the hospital. （その病院には、インフルエンザの患者が押し寄せている）

※本来、水などの「流入」を表し、比喩的に「殺到」の意味に発展しました。

058 informant [infɔ́ːrmənt] 　SVL11

情報提供者、密告者

a person who gives information to someone else

例文 The informant was interviewed carefully. (その情報提供者は慎重に面接された)

※information(情報)やinform(〜に知らせる)と同語源です。

059 insecurity [ìnsikjúərəti] 　SVL9

不安定、不安感

uncertainty, apprehension or anxiety about oneself; lack of confidence

例文 My insecurity makes me afraid to meet new people. (私は不安感から、初対面の人と会うのが怖い)

※security(安心、保安)の反意語として覚えておきましょう。

060 invertebrate [invɔ́ːrtəbrət]

無脊椎動物

an animal with no backbone

例文 The ocean is home to many strange-looking invertebrates. (海には、多くの奇妙な姿の無脊椎動物がいる)

※「脊椎動物」はvertebrateです。併せて覚えましょう。

例文の復習です。日本語の意味になるよう、空欄を埋めましょう。埋められなかった場合には、前の見開きページに戻って確認しましょう（答えはこのページ下にあります）。

① 彼は起訴されて、仕事を続けられなくなった。

His in_____ made it impossible for him to keep working.

② ある実業家グループが、オペラハウス建設に出資している。

A group of in_____ is paying to build an opera house.

③ その病院には、インフルエンザの患者が押し寄せている。

There's been an in_____ of flu patients at the hospital.

④ その情報提供者は慎重に面接された。

The in_____ was interviewed carefully.

⑤ 私は不安感から、初対面の人と会うのが怖い。

My in_____ makes me afraid to meet new people.

⑥ 海には、多くの奇妙な姿の無脊椎動物がいる。

The ocean is home to many strange-looking in_____.

先ほどより例文が長くなります。ヒントも参考にしながら、日本語の意味になるよう空欄を埋めましょう（答えは次のページにあります）。

① 彼は起訴されて、仕事を続けられなくなり、辞職を余儀なくされた。

His _____ m____ it i_____ for him to keep working and he was forced to resign his position.

② ある実業家グループが、さまざまな種類の公演ができるオペラハウスの建設に出資している。

A group of _____ is p_____ to build an opera house that could host many types of performances.

「出資している」は、簡単に「（お金を）支払っている」と表現するといいでしょう。

③ その病院には、インフルエンザの患者が押し寄せて、待ち時間が長くなっている。

There's been an _____ __ flu patients at the hospital, and it's causing long wait times.

「患者が押し寄せて」は、「患者の殺到（流入）があって」と考えましょう。

④ その情報提供者は慎重に面接され、その情報は二重にチェックされた。

The _____ was i_____ carefully, and his information was double-checked.

⑤ 私は不安感から、初対面の人と会うのが怖く、ここ数年、デートもしていない。

My _____ m_____ me a_____ to meet new people, and I haven't been on a date in years.

⑥ 海には、タコやヒトデ、海綿動物のような多くの奇妙な姿の無脊椎動物がいる。

The ocean is h____ to many strange-looking _____, including octopuses, starfish and sponges.

答え合わせをしましょう。さらに自分でも使えるよう、音声のあとについてリピートしてみましょう。

① 彼は起訴されて、仕事を続けられなくなり、辞職を余儀なくされた。

His indictment made it impossible for him to keep working and he was forced to resign his position.

make it impossible for ～ to doの形で「～が…するのを不可能にする」です。

② ある実業家グループが、さまざまな種類の公演ができるオペラハウスの建設に出資している。

A group of industrialists is paying to build an opera house that could host many types of performances.

③ その病院には、インフルエンザ患者が押し寄せて、待ち時間が長くなっている。

There's been an influx of flu patients at the hospital, and it's causing long wait times.

an influx of ～の形で「～の殺到、～の流入」を表します。

④ その情報提供者は慎重に面接され、その情報は二重にチェックされた。

The informant was interviewed carefully, and his information was double-checked.

⑤ 私は不安感から、初対面の人と会うのが怖く、ここ数年、デートもしていない。

My insecurity makes me afraid to meet new people, and I haven't been on a date in years.

⑥ 海には、タコやヒトデ、海綿動物のような多くの奇妙な姿の無脊椎動物がいる。

The ocean is home to many strange-looking invertebrates, including octopuses, starfish and sponges.

①左の**1.**～**6.**の単語に合う意味を右の**あ～か**から選び、カッコに記入しましょう。問題の一部は前の課からの出題です（答えはこのページ下にあります）。

1. influx	[ ]	**あ**	誇大広告、前宣伝
2. insecurity	[ ]	**い**	発端、開始、設立
3. industrialist	[ ]	**う**	実業家
4. inception	[ ]	**え**	影響、含意、意味合い、密接な関係
5. hype	[ ]	**お**	流入、流れ込むこと、殺到
6. implication	[ ]	**か**	不安定、不安感

②左の**a.**～**f.**の英語の定義に合う単語を右の**あ～か**から選び、カッコに記入しましょう。問題の一部は前の課からの出題です（答えはこのページ下にあります）。

a. a person who gives information to someone else	[ ]	**あ**	hiccup
b. an animal with no backbone	[ ]	**い**	incumbent
c. a formal accusation or charge of a serious crime	[ ]	**う**	impropriety
d. [informal] a problem that interrupts or delays something for a while but does not usually cause serious difficulties	[ ]	**え**	indictment
e. failure to observe standards of modesty or honesty; improper behavior or action	[ ]	**お**	invertebrate
f. the holder of an official post at a particular time	[ ]	**か**	informant

単語を例文と共に学びましょう。音声を使ってリピート練習すると、よりよく覚えられます。英語の定義（イタリック部分）にも目を通しておきましょう。

061 **levity** [lévəti]

（場違いな）気楽さ、軽薄さ

humor or lightness, especially during a serious occasion

例文 He always adds some levity. （彼はいつも場の空気を少し軽くしてくれる）

062 **litany** [lítəni]

長いリスト

a long list, especially regarded as repetitive, of unpleasant things

例文 Her letter was a litany of complaints. （彼女の手紙は不満の羅列だった）

063 **longevity** [lɑndʒévəti]   SVL9

長寿、（在職期間などの）長いこと

the length of time that someone or something lasts

例文 Regular oil changes greatly increase your car's longevity. （定期的なオイル交換があなたの車の寿命を大きく延ばす）

064 loophole [lúːphòul]　SVL11

（法律などの）抜け穴、抜け道

an error in an agreement or law that gives someone the chance to avoid having to do something

例文 This loophole might save us some money.（この抜け穴で、お金を少し節約できるかもしれない）

※ legal loophole（法の抜け穴）という決まった表現も併せて覚えましょう。

065 mannerism [mǽnərìzm]　SVL11

（言動などの無意識の）癖、特徴

a person's particular way of moving or talking

例文 He can mimic his guests' mannerisms.（彼はゲストの特徴をまねることができる）

※日本語の「マンネリ、マンネリズム」は通例、rutという語で表現されます。

066 methodology [mèθədálədʒi]　SVL10

方法（論）

a system of ways of doing, studying or teaching something

例文 We study the methodologies for growing rice.（私たちはコメの栽培方法を研究している）

※類義語に method（方法、手法）があります。methodology のほうが学問的、学究的なニュアンスが強いと言えます。

例文の復習です。日本語の意味になるよう、空欄を埋めましょう。埋められなかった場合には、前の見開きページに戻って確認しましょう（答えはこのページ下にあります）。

① 彼はいつも場の空気を少し軽くしてくれる。

He always adds some le_____.

② 彼女の手紙は不満の羅列だった。

Her letter was a li_____ of complaints.

③ 定期的なオイル交換があなたの車の寿命を大きく延ばす。

Regular oil changes greatly increase your car's lo_____.

④ この抜け穴で、お金を少し節約できるかもしれない。

This lo_____ might save us some money.

⑤ 彼はゲストの特徴をまねることができる。

He can mimic his guests' ma_____.

⑥ 私たちはコメの栽培方法を研究している。

We study the me_____ for growing rice.

●Review の答え
① levity ② litany ③ longevity ④ loophole ⑤ mannerisms
⑥ methodologies

先ほどより例文が長くなります。ヒントも参考にしながら、日本語の意味になるよう空欄を埋めましょう（答えは次のページにあります）。

① この会議にハリーが出席していたらいいのに。彼はいつも場の空気を少し軽くしてくれるから。

I wish Harry were at this meeting because he always a____ some _____.

「少し軽くする」は、「いくぶん軽さを付け加える」と考えましょう。

② 彼女の手紙は、私が家事にほとんど貢献しないことへの不満の羅列だった。

Her letter was a _____ of c_____ about my minimal contribution to the family chores.

③ 定期的なオイル交換と部品を良い状態に保つことが、あなたの車の寿命を大きく延ばす。

Regular oil changes and keeping parts in good condition greatly i_____ your car's _____.

「寿命を延ばす」は、「長寿（の長さ）を増やす」と考えましょう。

④ この最新の税法の抜け穴を利用して、お金を少し節約できるかもしれない。

Taking advantage of this _____ in the latest tax laws might s____ us some m_____.

「税法の抜け穴が、私たちにお金を節約させてくれる」と表現しましょう。

⑤ あの面白くて才能のあるトークショーの司会者は、ゲストのどんな特徴をもまねることができる。

That funny and talented talk show host can m_____ any of his g_____ _____.

⑥ このコースでは、私たちはコメやコムギ、トウモロコシの栽培方法を学ぶ。

In this course, we s_____ t__ _____ f__ growing rice, wheat and corn.

答え合わせをしましょう。さらに自分でも使えるよう、音声のあとについてリピートしてみましょう。

① この会議にハリーが出席していたらいいのに、彼はいつも場の空気を少し軽くしてくれるから。

I wish Harry were at this meeting because he always adds some levity.

② 彼女の手紙は、私が家事にほとんど貢献しないことへの不満の羅列だった。

Her letter was a litany of complaints about my minimal contribution to the family chores.

litany は「一続きのリスト」を表すので、a を付けて数えることができます。

③ 定期的なオイル交換と部品を良い状態に保つことが、あなたの車の寿命を大きく延ばす。

Regular oil changes and keeping parts in good condition greatly increase your car's longevity.

④ この最新の税法の抜け穴を利用して、お金を少し節約できるかもしれない。

Taking advantage of this loophole in the latest tax laws might save us some money.

⑤ あの面白くて才能のあるトークショーの司会者は、ゲストのどんな特徴もまねることができる。

That funny and talented talk show host can mimic any of his guests' mannerisms.

⑥ このコースでは、私たちはコメやコムギ、トウモロコシの栽培方法を学ぶ。

In this course, we study the methodologies for growing rice, wheat and corn.

a methodology for ＋動名詞（〜する方法）の形がよく用いられます。

Exercises

①左の**1.**~**6.**の単語に合う意味を右の**あ~か**から選び、カッコに記入しましょう。問題の一部は前の課からの出題です(答えはこのページ下にあります)。

1. levity   [   ]   **あ** 情報提供者、密告者

2. mannerism   [   ]   **い** (場違いな)気楽さ、軽薄さ

3. litany   [   ]   **う** 起訴、告訴

4. indictment   [   ]   **え** 長いリスト

5. invertebrate   [   ]   **お** (言動などの無意識の)癖、特徴

6. informant   [   ]   **か** 無脊椎動物

②左の**a.**~**f.**の英語の定義に合う単語を右の**あ~か**から選び、カッコに記入しましょう。問題の一部は前の課からの出題です(答えはこのページ下にあります)。

a. an error in an agreement or law that gives someone the chance to avoid having to do something   [   ]

b. the length of time that someone or something lasts   [   ]

c. a system of ways of doing, studying or teaching something   [   ]

d. the continual arrival or entry of large numbers of people or things   [   ]

e. an owner of or an employee in a high position in an industrial enterprise   [   ]

f. uncertainty, apprehension or anxiety about oneself; lack of confidence   [   ]

あ longevity
い methodology
う loophole
え industrialist
お influx
か insecurity

⬤**Exercises の答え**
① 1. い   2. お   3. え   4. う   5. か   6. あ
② a. う   b. あ   c. い   d. お   e. え   f. か

単語を例文と共に学びましょう。音声を使ってリピート練習すると、よりよく覚えられます。英語の定義（イタリック部分）にも目を通しておきましょう。

---

067 middleman [mídlmæn] SVL11

中間業者、仲介者

a go-between; a person who arranges business or political deals between other people

例文 An expert middleman can be very helpful. （専門の中間業者はとても助けになる）

※ -man の語尾を持っていますが、性別を問わず使えます。類義語の mediator も覚えておきましょう。

---

068 migraine [máigrein]

片頭痛

an intense, throbbing headache that typically affects one side of the head and returns periodically

例文 I used to get terrible migraines. （私はかつてひどい片頭痛持ちだった）

---

069 molecule [máləkjùːl] SVL6

微量、分子

a very small amount or particle of something

例文 There isn't a molecule of truth to it. （そんな事実はみじんもない）

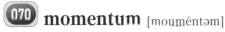

070 **momentum** [mouméntəm]　SVL9

勢い、気運

a force that keeps building or growing

例文 The company hopes to maintain its momentum. （その会社は勢いを維持したいと考えている）

※ momentum はラテン語で「動き」という意味です。

071 **mouthpiece** [máuθpìːs]

代弁者

a person or a periodical that only expresses the opinions of one particular organization

例文 He's just a government mouthpiece. （彼は単なる政府の代弁者だ）

※本来は「管楽器の口当て部分」や「容器の口金」など、人の口にかかわる道具を指す語です。spokesperson が類義語です。

072 **nausea** [nɔ́ːziə]　SVL11

吐き気、むかつき

the feeling of sickness you have when you think you are about to vomit

例文 My nausea left me the moment the airplane landed. （吐き気は、飛行機が着陸するや否や治まった）

ジョディー・アン・ビックリー（詩人・作家）のインタビューより
And so I had all the tests for everything – like, from brain tumors to just simple migraines.
ですから、私はありとあらゆる検査を受けました——脳腫瘍から単なる片頭痛まで。

例文の復習です。日本語の意味になるよう、空欄を埋めましょう。埋められなかった場合には、前の見開きページに戻って確認しましょう（答えはこのページ下にあります）。

① 専門の中間業者はとても助けになる。

An expert mi＿＿＿＿＿ can be very helpful.

② 私はかつてひどい片頭痛持ちだった。

I used to get terrible mi＿＿＿＿＿.

③ そんな事実はみじんもない。

There isn't a mo＿＿＿＿＿ of truth to it.

④ その会社は勢いを維持したいと考えている。

The company hopes to maintain its mo＿＿＿＿＿.

⑤ 彼は単なる政府の代弁者だ。

He's just a government mo＿＿＿＿＿.

⑥ 吐き気は、飛行機が着陸するや否や治まった。

My na＿＿＿＿ left me the moment the airplane landed.

●Review の答え
① middleman ② migraines ③ molecule ④ momentum
⑤ mouthpiece ⑥ nausea

078

先ほどより例文が長くなります。ヒントも参考にしながら、日本語の意味になるよう空欄を埋めましょう（答えは次のページにあります）。

① 複雑な商取引では、専門の中間業者はとても助けになる。

In a complex business deal, an e_____ _____ can be very helpful.

② 私はかつてひどい片頭痛持ちだったが、運動を始めたとたんに治まった。

I used to g__ t_____ _____, but they stopped once I started working out.

「ひどい片頭痛持ちだ」には、ある基本動詞を使います。

③ 調べてみれば、そんな事実はみじんもないことが分かるはずだ。

If you do some research, you'll find there isn't a _____ of t_____ to it.

ここで用いる「微量」を表す語は、可算名詞です。

④ 第3四半期に大成功を収めたその会社は、現在の勢いを維持したいと考えている。

After a very successful third quarter, the company hopes to m_____ its current _____.

⑤ 彼は単なる政府の代弁者なので、彼が言うことを信じるべきではない。

He's just a g_____ _____, so you shouldn't believe what he says.

⑥ 吐き気は、飛行機が滑走路に無事着陸するや否や治まった。

My _____ l___ m_ the moment the airplane landed safely on the runway.

「吐き気が治まる」は、「吐き気が私から去る」と考えましょう。

答え合わせをしましょう。さらに自分でも使えるよう、音声のあとについてリピートしてみましょう。

① 複雑な商取引では、専門の中間業者はとても助けになる。

In a complex business deal, an expert middleman can be very helpful.

② 私はかつてひどい片頭痛持ちだったが、運動を始めたとたんに治まった。

I used to get terrible migraines, but they stopped once I started working out.

③ 調べてみれば、そんな事実はみじんもないことが分かるはずだ。

If you do some research, you'll find there isn't a molecule of truth to it.

a molecule of ～の形で「わずかな～」の意味を表します。(is) not a molecule of ～なら「少しの～もない」の意味です。

④ 第3四半期に大成功を収めたその会社は、現在の勢いを維持したいと考えている。

After a very successful third quarter, the company hopes to maintain its current momentum.

この its は the company を受ける代名詞の所有格です。company は組織・集団を表す語なので、their でも受けられます。

⑤ 彼は単なる政府の代弁者なので、彼が言うことを信じるべきではない。

He's just a government mouthpiece, so you shouldn't believe what he says.

⑥ 吐き気は、飛行機が滑走路に無事着陸するや否や治まった。

My nausea left me the moment the airplane landed safely on the runway.

①左の**1.**〜**6.**の単語に合う意味を右の**あ〜か**から選び、カッコに記入しましょう。問題の一部は前の課からの出題です（答えはこのページ下にあります）。

1. mouthpiece	[ ]	**あ** 方法（論）
2. migraine	[ ]	**い** 片頭痛
3. loophole	[ ]	**う** 勢い、気運
4. methodology	[ ]	**え** 長寿、（在職期間などの）長いこと
5. longevity	[ ]	**お** 代弁者
6. momentum	[ ]	**か** （法律などの）抜け穴、抜け道

②左の**a.**〜**f.**の英語の定義に合う単語を右の**あ〜か**から選び、カッコに記入しましょう。問題の一部は前の課からの出題です（答えはこのページ下にあります）。

a. a go-between; a person who arranges   [   ]   **あ** litany
business or political deals between
other people   **い** mannerism

b. a very small amount or particle of   [   ]   **う** nausea
something   **え** middleman

c. the feeling of sickness you have when   [   ]   **お** molecule
you think you are about to vomit   **か** levity

d. humor or lightness, especially during a   [   ]
serious occasion

e. a long list, especially regarded as   [   ]
repetitive, of unpleasant things

f. a person's particular way of moving or   [   ]
talking

● Exercises の答え
① 1. お   2. い   3. か   4. あ   5. え   6. う
② a. え   b. お   c. う   d. か   e. あ   f. い

081

単語を例文と共に学びましょう。音声を使ってリピート練習すると、よりよく覚えられます。英語の定義（イタリック部分）にも目を通しておきましょう。

---

073 **nepotism** [népətìzm]

縁故主義、身内びいき

the act of using your power or influence to get good jobs or unfair advantages for relatives

例文 Nepotism prevents talented people from climbing to the top. （縁故主義は能力ある人間がトップに昇進するのを妨げる）

※形容詞形 nepotistic（身内びいきの）も併せて覚えておきましょう。

---

074 **niche** [nítʃ | níːʃ]　　　**SVL10**

ニッチ、すき間市場

a small, specialized segment of the market for a particular kind of product or service

例文 Making luxury car parts is a niche business. （高級車の部品製造はニッチなビジネスだ）

※人・人材の「適所、得意分野」の意味でもよく用いられます。

---

075 **no-brainer** [nòubréinər]

考えるまでもないこと、簡単この上ないこと

[informal] anything that requires little thought, something obvious

例文 Locking your door is a no-brainer! （玄関の鍵をかけるのは簡単なことだ！）

076 normalcy [nɔ́ːァ məlsi]

平常、正常

conforming with an official standard; the state of being typical or expected

例文 Tired of normalcy, Nancy decided to go traveling.（日常に飽きて、ナンシーは旅することにした）

※normalityとほぼ同義で用いられる語です。

077 novelty [nάvəlti]　　SVL8

目新しいこと

the quality of being new, unusual or original

例文 The internet was once a novelty.（インターネットはかつて目新しかった）

※形容詞形novel（斬新な、目新しい）も併せて覚えましょう。

078 omnivore [ámnivɔ̀ːr]

雑食動物

an animal or person that eats food of both plant and animal origin

例文 Unlike horses, pigs are omnivores.（ウマとは異なり、ブタは雑食性だ）

ジェニファー・ローレンス（映画『ハンガー・ゲーム 2』主演女優）のインタビューより

Getting back together with David O. Russell is, you know, a no-brainer. And his script and character were amazing and unlike anything I had ever done.

デビッド・O・ラッセルの作品に再出演することは、もう考えるまでもないことでした。彼の脚本と人物像は素晴らしくて、それまで演じたどんなものとも違っていました。

例文の復習です。日本語の意味になるよう、空欄を埋めましょう。埋められなかった場合には、前の見開きページに戻って確認しましょう（答えはこのページ下にあります）。

① 縁故主義は能力ある人間がトップに昇進するのを妨げる。

Ne_____ prevents talented people from climbing to the top.

② 高級車の部品製造はニッチなビジネスだ。

Making luxury car parts is a ni____ business.

③ 玄関の鍵をかけるのは簡単なことだ！

Locking your door is a no-_____!

④ 日常に飽きて、ナンシーは旅することにした。

Tired of no_____, Nancy decided to go traveling.

⑤ インターネットはかつて目新しかった。

The internet was once a no_____.

⑥ ウマとは異なり、ブタは雑食性だ。

Unlike horses, pigs are om_____.

先ほどより例文が長くなります。ヒントも参考にしながら、日本語の意味になるよう空欄を埋めましょう（答えは次のページにあります）。

① 縁故主義は、能力のある人間がトップに昇進するのを妨げ、無能なリーダーを生む。

_____ p_____ talented people f____ climbing to the top and gives rise to incompetent leaders.

「縁故主義は〜を妨げる」の部分の構文に注意。ある前置詞を使います。

② 高級車の部品製造は、景気に大きく左右されるニッチなビジネスだ。

Making luxury car parts is a _____ b_____ that is highly affected by the economy.

③ 家を出るときにいつも玄関の鍵をかけるのは、簡単なことだ！

L_____ y____ d____ every time you leave your home is a __-_____!

④ 日常に飽きて、ナンシーは仕事を辞め、世界中を旅することにした。

T_____ of _____, Nancy decided to quit her job and go traveling around the world.

文頭にbeingが省略されていると考えましょう。

⑤ 私はインターネットがかつて目新しかった頃を覚えている年齢だ。

I'm old enough to remember that the internet was o____ a _____.

⑥ 主に草や干し草を食べるウマとは異なり、すべてのブタは雑食性だ。

U_____ horses, which eat mostly grass and hay, all pigs are _____.

答え合わせをしましょう。さらに自分でも使えるよう、音声のあとについてリピートしてみましょう。

① 縁故主義は、能力のある人間がトップに昇進するのを妨げ、無能なリーダーを生む。

Nepotism prevents talented people from climbing to the top and gives rise to incompetent leaders.

prevent 〜 from -ing の形で「〜が…することを妨げる」の意味を表します。

② 高級車の部品製造は、景気に大きく左右されるニッチなビジネスだ。

Making luxury car parts is a niche business that is highly affected by the economy.

③ 家を出るときにいつも玄関の鍵をかけるのは、簡単なことだ！

Locking your door every time you leave your home is a no-brainer!

文の主語に当たる部分が長いので注意しましょう。

④ 日常に飽きて、ナンシーは仕事を辞め、世界中を旅することにした。

Tired of normalcy, Nancy decided to quit her job and go traveling around the world.

Being tired of normalcy, …または As she was tired of normalcy, …と言い換えることもできます。

⑤ 私はインターネットがかつて目新しかった頃を覚えている年齢だ。

I'm old enough to remember that the internet was once a novelty.

⑥ 主に草や干し草を食べるウマとは異なり、すべてのブタは雑食性だ。

Unlike horses, which eat mostly grass and hay, all pigs are omnivores.

Exercises

①左の1.～6.の単語に合う意味を右のあ～かから選び、カッコに記入しましょう。問題の一部は前の課からの出題です（答えはこのページ下にあります）。

1. nepotism   [   ]   **あ** 平常、正常

2. normalcy   [   ]   **い** 吐き気、むかつき

3. omnivore   [   ]   **う** 中間業者、仲介者

4. nausea   [   ]   **え** 縁故主義、身内びいき

5. middleman   [   ]   **お** 雑食動物

6. molecule   [   ]   **か** 微量、分子

②左のa.～f.の英語の定義に合う単語を右のあ～かから選び、カッコに記入しましょう。問題の一部は前の課からの出題です（答えはこのページ下にあります）。

a. [informal] anything that requires little thought, something obvious   [   ]   **あ** migraine

b. a small, specialized segment of the market for a particular kind of product or service   [   ]   **い** momentum

   う mouthpiece

c. the quality of being new, unusual or original   [   ]   **え** niche

   お no-brainer

d. a person or a periodical that only expresses the opinions of one particular organization   [   ]   **か** novelty

e. an intense, throbbing headache that typically affects one side of the head and returns periodically   [   ]

f. a force that keeps building or growing   [   ]

● Exercises の答え
① 1. え   2. あ   3. お   4. い   5. う   6. か
② a. お   b. え   c. か   d. う   e. あ   f. い

単語を例文と共に学びましょう。音声を使ってリピート練習すると、よりよく覚えられます。英語の定義（イタリック部分）にも目を通しておきましょう。

079 onslaught [ɑ́nslɔ̀ːt]　　　　SVL11

襲来、猛攻

a violent or destructive attack

例文 We prepared for the onslaught of the typhoon.
（私たちは台風の襲来に備えた）

080 payoff [péiɔ̀ːf]　　　　SVL10

結実、利益、もうけ

an advantage or benefit gained from doing something

例文 The payoff for our hard work was a smooth product launch.（激務の結果、スムーズな製品発売にこぎつけた）

※ payoff は、単なる「支払い」、または「賄賂」の意味で使われることもあります。

081 plea [plíː]　　　　SVL8

嘆願、懇願

an urgent and earnest request; an appeal

例文 She ignored her child's pleas. （彼女は、子どもの懇願を無視した）

082 pore [pɔ́ːr]　SVL11

毛穴

a very small hole as in skin or plant leaves

例文 This soap helps keep your pores clean. (このせっけんは、毛穴を清潔に保つのに役立つ)

※植物の葉の「気孔」を指すこともあります。また、同じつづりで、「注意深く見る、熟考する」の意味の動詞もあるので注意しましょう。

083 powerhouse [páuərhàus]

強力な選手、強力なチーム、原動力

a country, organization, team or person with a lot of influence or power

例文 Asia has become a powerhouse of global growth. (アジアは世界の成長の原動力となってきた)

※個人(選手)、集団(チーム)、抽象概念(原動力)という3つの意味を持ちます。

084 precinct [príːsiŋkt]　SVL11

警察管区

a division of a city or a town, especially for police administration

例文 The conditions at that police precinct do not meet standards. (その警察管区の状況は基準を満たしていない)

※米国の警察など、行政上の「管区」を表します。英国の「警察管区」はconstabularyと言います。

例文の復習です。日本語の意味になるよう、空欄を埋めましょう。埋められなかった場合には、前の見開きページに戻って確認しましょう（答えはこのページ下にあります）。

① 私たちは台風の襲来に備えた。

We prepared for the on＿＿＿＿ of the typhoon.

② 激務の結果、スムーズな製品発売にこぎつけた。

The pa＿＿＿ for our hard work was a smooth product launch.

③ 彼女は、子どもの懇願を無視した。

She ignored her child's pl＿＿.

④ このせっけんは、毛穴を清潔に保つのに役立つ。

This soap helps keep your po＿＿ clean.

⑤ アジアは世界の成長の原動力となってきた。

Asia has become a po＿＿＿＿ of global growth.

⑥ その警察管区の状況は基準を満たしていない。

The conditions at that police pr＿＿＿＿ do not meet standards.

先ほどより例文が長くなります。ヒントも参考にしながら、日本語の意味になるよう空欄を埋めましょう（答えは次のページにあります）。

① 私たちは台風の襲来に備えて、窓を全部閉めた。

We prepared for the _____ of the t_____ by closing all the windows.

② 激務の結果、何の問題もなくスムーズな製品発売にこぎつけた。

The _____ for our h____ w____ was a smooth product launch without any problems.

③ 子どもがコーンを落としたあと、彼女は、アイスクリームをもっと食べたいという懇願を無視した。

She i_____ her c_____ _____ for more ice cream after he dropped his cone.

④ このせっけんは、毛穴を清潔に保つのに役立ちながら、肌を乾燥させない。

This soap helps k____ your _____ c_____ but does not dry out your skin.

「毛穴を清潔に保つ」を表現するための構文を考えてみましょう。「動詞＋名詞＋形容詞」の形です。

⑤ この20年ほどの間に、アジアは世界の成長の原動力となってきた。

In the last 20 years or so, Asia has become a _____ of g_____ g_____.

⑥ その警察管区の状況は、国際基準や国内基準を満たしていない。

The conditions at that p_____ _____ do not meet international or domestic standards.

答え合わせをしましょう。さらに自分でも使えるよう、音声のあとについてリピートしてみましょう。

① 私たちは台風の襲来に備えて、窓を全部閉めた。

We prepared for the onslaught of the typhoon by closing all the windows.

② 激務の結果、何の問題もなくスムーズな製品発売にこぎつけた。

The payoff for our hard work was a smooth product launch without any problems.

このforは「交換」を表し、hard workと交換で手に入れたpayoff、という意味が表現されています。

③ 子どもがコーンを落としたあと、彼女は、アイスクリームをもっと食べたいという懇願を無視した。

She ignored her child's pleas for more ice cream after he dropped his cone.

pleasと複数形になっていることから、繰り返しねだったことが分かります。

④ このせっけんは、毛穴を清潔に保つのに役立ちながら、肌を乾燥させない。

This soap helps keep your pores clean but does not dry out your skin.

keep + A（名詞）+ B（形容詞）の形で「AがBであるように保つ」の意味です。

⑤ この20年ほどの間に、アジアは世界の成長の原動力となってきた。

In the last 20 years or so, Asia has become a powerhouse of global growth.

⑥ その警察管区の状況は、国際基準や国内基準を満たしていない。

The conditions at that police precinct do not meet international or domestic standards.

①左の**1.**〜**6.**の単語に合う意味を右の**あ〜か**から選び、カッコに記入しましょう。問題の一部は前の課からの出題です（答えはこのページ下にあります）。

1. pore	[　]	**あ** 警察管区
2. plea	[　]	**い** 嘆願、懇願
3. precinct	[　]	**う** 毛穴
4. novelty	[　]	**え** 考えるまでもないこと、簡単この上ないこと
5. niche	[　]	**お** ニッチな、すき間市場
6. no-brainer	[　]	**か** 目新しいこと

②左の**a.**〜**f.**の英語の定義に合う単語を右の**あ〜か**から選び、カッコに記入しましょう。問題の一部は前の課からの出題です（答えはこのページ下にあります）。

a. an advantage or benefit gained from doing something	[　]	**あ** normalcy
b. a country, organization, team or person with a lot of influence or power	[　]	**い** powerhouse
c. a violent or destructive attack	[　]	**う** omnivore
d. the act of using your power or influence to get good jobs or unfair advantages for relatives	[　]	**え** payoff
e. conforming with an official standard; the state of being typical or expected	[　]	**お** onslaught
f. an animal or person that eats food of both plant and animal origin	[　]	**か** nepotism

単語を例文と共に学びましょう。音声を使ってリピート練習すると、よりよく覚えられます。英語の定義（イタリック部分）にも目を通しておきましょう。

085 **preconception** [prìːkənsépʃən]

予断、先入観、偏見

an opinion or idea formed before enough information is available

例文 Journalists try to understand and eliminate their preconceptions. （ジャーナリストは自身の先入観を理解し、排除しようとする）

※conception（考え）に、「前（の）」を表す接頭辞 pre- が付いた語です。

086 **precursor** [prikə́ːrsər]　　SVL11

先駆者、前にあったもの、先行物

a thing or person that goes before

例文 These flowers are a precursor of spring. （これらの花は春の前触れだ）

087 **predisposition** [prìːdispəzíʃən]　　SVL12

傾向、性質、体質

the condition of being likely to behave in a particular way or to suffer from a certain disease

例文 It's important to understand your own predispositions. （自分自身の体質を理解することは重要だ）

※特定の病気などにかかりやすい「傾向、体質」を表してよく用いられます。

088 preoccupation [prìːɑkjuːpéiʃən]　SVL9

関心事、夢中にさせるもの

a state in which someone gives all their attention to something

例文 Her preoccupation is with her garden.（彼女は自宅の庭いじりに夢中になっている）

※動詞形のpreoccupy（〜を夢中にさせる）も併せて覚えておきましょう。

089 provenance [prάvənəns]

来歴、起源、由来

the origin or source of something

例文 It was a simple wine of unknown provenance.（それは産地不明のありふれたワインだった）

090 purge [pə́ːrdʒ]　SVL9

追放、浄化、一掃、除去、処分

the act of removing by cleansing or clearing out

例文 Our garage needs a total purge.（わが家のガレージは大掃除が必要だ）

※「〜を追放する」の意味の動詞としても用いられます。

例文の復習です。日本語の意味になるよう、空欄を埋めましょう。埋められなかった場合には、前の見開きページに戻って確認しましょう(答えはこのページ下にあります)。

① ジャーナリストは自身の先入観を理解し、排除しようとする。

Journalists try to understand and eliminate their pr_____.

② これらの花は春の前触れだ。

These flowers are a pr_____ of spring.

③ 自分自身の体質を理解することは重要だ。

It's important to understand your own pr_____.

④ 彼女は自宅の庭いじりに夢中になっている。

Her pr_____ is with her garden.

⑤ それは産地不明のありふれたワインだった。

It was a simple wine of unknown pr_____.

⑥ わが家のガレージは大掃除が必要だ。

Our garage needs a total pu____.

先ほどより例文が長くなります。ヒントも参考にしながら、日本語の意味になるよう空欄を埋めましょう（答えは次のページにあります）。

① プロのジャーナリストは、自身の先入観を理解し、排除しようと最善を尽くす。

Professional journalists do their best to try to understand and e_____ their _____.

② うちの庭に最初に咲くこれらの小さな花は、春の前触れだ。

These first little flowers appearing in my garden here are a _____ of s_____.

③ 自分自身の体質を理解し、それをよりよく克服することが大切だ。

It's important to u_____ y____ own _____ so that you can better overcome them.

④ 彼女は自宅の庭いじりに夢中になっていて、そこは町で一番美しい。

Her _____ is w____ her g_____, and it's the most beautiful in the city.

ここでキーワードとなる名詞は、ある前置詞とセットでよく使われます。

⑤ それは産地不明のありふれたワインだったが、それでも非常に高価だった。

It was a simple wine of u_____ _____, but it was still very expensive.

「産地不明」は、「知られざる起源」と考えるといいでしょう。

⑥ わが家のガレージは古いガラクタでいっぱいなので、大掃除が必要だ。

Our garage is completely full of old junk and n_____ a t_____ _____.

答え合わせをしましょう。さらに自分でも使えるよう、音声のあとについてリピートしてみましょう。

① プロのジャーナリストは、自身の先入観を理解し、排除しようと最善を尽くす。

Professional journalists do their best to try to understand and eliminate their preconceptions.

eliminate は「〜を排除する」の意味でよく用いられる動詞です。

② うちの庭に最初に咲くこれらの小さな花は、春の前触れだ。

These first little flowers appearing in my garden here are a precursor of spring.

③ 自分自身の体質を理解し、それをよりよく克服することが大切だ。

It's important to understand your own predispositions so that you can better overcome them.

④ 彼女は自宅の庭いじりに夢中になっていて、そこは町で一番美しい。

Her preoccupation is with her garden, and it's the most beautiful in the city.

preoccupation は with と相性が良く、with のあとに夢中になる対象を表す語句が続きます。

⑤ それは産地不明のありふれたワインだったが、それでも非常に高価だった。

It was a simple wine of unknown provenance, but it was still very expensive.

⑥ わが家のガレージは古いガラクタでいっぱいなので、大掃除が必要だ。

Our garage is completely full of old junk and needs a total purge.

この total は「完全な」の意味で、purge と意味の重複がありますが、強意の役割を担っていると考えられます。

①左の**1.**〜**6.**の単語に合う意味を右の**あ〜か**から選び、カッコに記入しましょう。問題の一部は前の課からの出題です（答えはこのページ下にあります）。

1. preoccupation	[　　]	**あ**	襲来、猛攻
2. purge	[　　]	**い**	強力な選手、強力なチーム、原動力
3. precursor	[　　]	**う**	関心事、夢中にさせるもの
4. payoff	[　　]	**え**	追放、浄化、一掃、除去、処分
5. onslaught	[　　]	**お**	先駆者、前にあったもの、先行物
6. powerhouse	[　　]	**か**	結実、利益、もうけ

②左の**a.**〜**f.**の英語の定義に合う単語を右の**あ〜か**から選び、カッコに記入しましょう。問題の一部は前の課からの出題です（答えはこのページ下にあります）。

a. the condition of being likely to behave in a particular way or to suffer from a certain disease	[　　]	**あ** pore
b. the origin or source of something	[　　]	**い** preconception
c. an opinion or idea formed before enough information is available	[　　]	**う** plea
d. a division of a city or a town, especially for police administration	[　　]	**え** predisposition
e. an urgent and earnest request; an appeal	[　　]	**お** precinct
f. a very small hole as in skin or plant leaves	[　　]	**か** provenance

● Exercises の答え
① 1. う　2. え　3. お　4. か　5. あ　6. い
② a. え　b. か　c. い　d. お　e. う　f. あ

031

単語を例文と共に学びましょう。音声を使ってリピート練習すると、よりよく覚えられます。英語の定義（イタリック部分）にも目を通しておきましょう。

091 **rapport** [ræpɔ́ːr] **SVL11**

親密さ、信頼関係

a close or friendly, harmonious relationship

例文 I want to establish a better rapport. （より良い信頼関係を築きたい）

※語末のtを発音しない点に注意しましょう。

092 **relapse** [rilǽps] **SVL11**

（病気の）再発

to fall back into illness after a recovery

例文 Sadly, I had a relapse. （残念なことに病気が再発した）

※「時間の経過」を表すlapseという語に、「再び」の意味の接頭辞 re- が付いたものと理解するといいでしょう。

093 **relic** [rélik] **SVL8**

遺物、名残、面影

an object, tradition or system that has survived from the past

例文 These tools are relics from my grandfather's garage. （これらの道具は、祖父のガレージにあった思い出の品だ）

094 remnant [rémnənt]　SVL9

残余物

a part or quantity that is left over after the greater part has been used or removed

例文 We found the remnants of an old fishing boat.
（私たちは古い漁船の残骸を発見した）

095 remorse [rimɔ́ːrs]　SVL11

自責の念、深い後悔

a deep sense of regret or guilt for a wrong committed

例文 He has yet to show any remorse. （彼はまだちっとも反省する様子を見せていない）

※類義語に regret（後悔）がありますが、remorse のほうがより強く深い「後悔」を表します。

096 resonance [rézənəns]　SVL10

反響、余韻

a quality that makes something personally meaningful to a person

例文 These books have no resonance with my students. （これらの本は、生徒たちには何の共感も呼ばない）

※音の「反響、共鳴」と、比喩的な意味での「共鳴、共感」の両方を表す語です。

例文の復習です。日本語の意味になるよう、空欄を埋めましょう。埋められなかった場合には、前の見開きページに戻って確認しましょう（答えはこのページ下にあります）。

① より良い信頼関係を築きたい。

I want to establish a better ra_____.

② 残念なことに病気が再発した。

Sadly, I had a re_____.

③ これらの道具は、祖父のガレージにあった思い出の品だ。

These tools are re_____ from my grandfather's garage.

④ 私たちは古い漁船の残骸を発見した。

We found the re_____ of an old fishing boat.

⑤ 彼はまだちっとも反省する様子を見せていない。

He has yet to show any re_____.

⑥ これらの本は、生徒たちには何の共感も呼ばない。

These books have no re_____ with my students.

●Review の答え
① rapport ② relapse ③ relics ④ remnants ⑤ remorse
⑥ resonance

先ほどより例文が長くなります。ヒントも参考にしながら、日本語の意味になるよう空欄を埋めましょう（答えは次のページにあります）。

① 同僚とより良い信頼関係を築き、もっと親しみやすい職場にしたい。

I want to e＿＿＿＿＿ a b＿＿＿ ＿＿＿＿ with my co-workers and make the office a friendlier place.

② 私は10日間は元気だったが、残念なことに病気が再発して症状が戻った。

I was fine for 10 days, but, sadly, I h＿ a ＿＿＿＿ and the symptoms came back.

「病気が再発した」は、「病気の再発を手にした」と考えましょう。

③ これらの古い道具は、祖父のガレージにあった思い出の品だが、まだ問題なく使える。

These old tools are ＿＿＿＿ f＿＿ my grandfather's g＿＿＿ but they all still work fine.

「祖父のガレージにあった思い出の品」は、「祖父のガレージが出どころの遺物」と捉えるといいでしょう。

④ 私たちは夕方、海岸を散歩中に、古い漁船の残骸を発見した。

We found the ＿＿＿＿ of an o＿ fishing b＿＿＿ during our evening stroll along the beach.

⑤ 彼がまだちっとも不親切を反省する様子を見せていないので、私は彼を許すことができない。

I'm unable to forgive him because he has yet to s＿＿ any ＿＿＿＿ for his unkindness.

⑥ これらの本は、私にはとても大切だが、生徒たちには何の共感も呼ばない。

These books, which mean so much to me, h＿＿ no ＿＿＿＿ w＿＿ my students.

「共感」を与える対象を導く前置詞を考えてみましょう。

答え合わせをしましょう。さらに自分でも使えるよう、音声のあとについてリピートしてみましょう。

① 同僚とより良い信頼関係を築き、もっと親しみやすい職場にしたい。

I want to establish a better rapport with my co-workers and make the office a friendlier place.

establish a rapport（信頼関係を築く）という表現は、丸ごと覚えましょう。

② 私は10日間は元気だったが、残念なことに病気が再発して症状が戻った。

I was fine for 10 days, but, sadly, I had a relapse and the symptoms came back.

③ これらの古い道具は、祖父のガレージにあった思い出の品だが、まだ問題なく使える。

These old tools are relics from my grandfather's garage but they all still work fine.

④ 私たちは夕方、海岸を散歩中に、古い漁船の残骸を発見した。

We found the remnants of an old fishing boat during our evening stroll along the beach.

⑤ 彼がまだちっとも不親切を反省する様子を見せていないので、私は彼を許すことができない。

I'm unable to forgive him because he has yet to show any remorse for his unkindness.

⑥ これらの本は、私にはとても大切だが、生徒たちには何の共感も呼ばない。

These books, which mean so much to me, have no resonance with my students.

resonanceは、よくwithを伴って「共鳴、共振」の対象・相手を表します。

①左の1.～6.の単語に合う意味を右のあ～かから選び、カッコに記入しましょう。問題の一部は前の課からの出題です(答えはこのページ下にあります)。

1. remorse　　　　　[　　]　　あ (病気の)再発
2. preconception　[　　]　　い 自責の念、深い後悔
3. remnant　　　　　[　　]　　う 傾向、性質、体質
4. provenance　　　[　　]　　え 来歴、起源、由来
5. relapse　　　　　[　　]　　お 予断、先入観、偏見
6. predisposition　[　　]　　か 残余物

②左のa.～f.の英語の定義に合う単語を右のあ～かから選び、カッコに記入しましょう。問題の一部は前の課からの出題です(答えはこのページ下にあります)。

a. an object, tradition or system that has　[　　]　　あ relic
　 survived from the past　　　　　　　　　　　　　　い purge
b. a quality that makes something　　　　　[　　]　　う precursor
　 personally meaningful to a person　　　　　　　　え resonance
c. a close or friendly, harmonious　　　　　[　　]　　お rapport
　 relationship　　　　　　　　　　　　　　　　　　か preoccupation
d. a thing or person that goes before　　　[　　]
e. the act of removing by cleansing or　　 [　　]
　 clearing out
f. a state in which someone gives all their [　　]
　 attention to something

単語を例文と共に学びましょう。音声を使ってリピート練習すると、よりよく覚えられます。英語の定義（イタリック部分）にも目を通しておきましょう。

097 **retaliation** [ritǽliéiʃən] | SVL11

仕返し、報復

the act of returning an injury or a wrong

例文 Self-defense is not the same as retaliation. （正当防衛は報復と同じではない）

※動詞形 retaliate（報復する）も併せて覚えておきましょう。

098 **ritual** [rítʃuəl] | SVL6

儀式的行事、（儀式のように行う）日常の習慣的行為

any practice or procedure performed or observed consistently, regularly, etc.

例文 A jog is part of my morning ritual. （ジョギングは私の朝の習慣の一部だ）

099 **rollout** [róulàut]

（新しい商品・サービスなどの）投入、初公開

the act of making something, especially a service or product, available for the first time

例文 Our product rollout was covered by the media. （わが社の製品の初公開はメディアで取り上げられた）

※「巻物を延ばして、書かれた内容を明らかにする」ことを表す動詞句 roll out が名詞化したものと考えましょう。

100 sanction [sǽŋkʃən]　SVL9

制裁、処罰

a threatened penalty for disobeying a rule or law

例文 Trade sanctions are damaging to all countries involved.（貿易制裁は、関連するすべての国に有害だ）

※economic sanctions（経済制裁）もよく用いられるフレーズです。

101 sapling [sǽpliŋ]

苗木、若木

a young tree, particularly one with a slender trunk

例文 I planted pine saplings in our backyard.（私はマツの苗木を裏庭に植えた）

102 scope [skóup]　SVL6

範囲、幅、余地

the extent of the area or subject matter that is dealt with or to which it is relevant

例文 Signing these papers isn't within the scope of my job.（これらの書類への署名は、私の業務の範囲外だ）

クリスティーヌ・ラガルド（国際通貨基金［IMF］専務理事）のインタビューより

I thought that women should be recognized on their own merits, and there was no reason there should be any particular thresholds or requirements, sanctions or penalties associated with it.

女性はその人自身の価値によって認められるべきだし、女性であることに関連したいかなる境界や要件、制裁、処罰が存在すべき理由はないと思っていました。

例文の復習です。日本語の意味になるよう、空欄を埋めましょう。埋められなかった場合には、前の見開きページに戻って確認しましょう（答えはこのページ下にあります）。

① 正当防衛は報復と同じではない。

Self-defense is not the same as re_____.

② ジョギングは私の朝の習慣の一部だ。

A jog is part of my morning ri_____.

③ わが社の製品の初公開はメディアで取り上げられた。

Our product ro_____ was covered by the media.

④ 貿易制裁は、関連するすべての国に有害だ。

Trade sa_____ are damaging to all countries involved.

⑤ 私はマツの苗木を裏庭に植えた。

I planted pine sa_____ in our backyard.

⑥ これらの書類への署名は、私の業務の範囲外だ。

Signing these papers isn't within the sc____ of my job.

●Review の答え

① retaliation ② ritual ③ rollout ④ sanctions ⑤ saplings ⑥ scope

先ほどより例文が長くなります。ヒントも参考にしながら、日本語の意味になるよう空欄を埋めましょう（答えは次のページにあります）。

① 正当防衛は報復と同じではないので、反撃しても許されることがある。

You can be forgiven for fighting back because s____-_____ is not the s____ as _____.

② 公園へジョギングに出かけることは、私の大切な朝の習慣の一部だ。

Going for a jog in the park is an important part of my m_____ _____.

③ わが社の刺激的な新製品の初公開は、全国メディアで広く取り上げられた。

Our company's exciting new p_____ _____ was widely c_____ by the national media.

「新製品の初公開」は、「新製品」に当たる語句を形容詞的に使います。

④ 貿易制裁は関連するすべての国に有害だが、時にそれは避けられない。

T_____ _____ are d_____ to all countries involved, but there are times they are unavoidable.

「有害だ」は「損害をもたらしている」と考えましょう。

⑤ 私は、裏庭のフェンス沿いにマツの苗木を植えた。

I p_____ p____ _____ all along the fence in our backyard.

⑥ これらの書類への署名は、私の業務の範囲外なのでお断りします。

Signing these papers isn't w_____ the _____ __ my job and I refuse to do it.

否定文なので、「業務の範囲外」は「業務の範囲内ではない」と表現しましょう。

答え合わせをしましょう。さらに自分でも使えるよう、音声のあとについてリピートしてみましょう。

① 正当防衛は報復と同じではないので、反撃しても許されることがある。

You can be forgiven for fighting back because self-defense is not the same as retaliation.

② 公園へジョギングに出かけることは、私の大切な朝の習慣の一部だ。

Going for a jog in the park is an important part of my morning ritual.

③ わが社の刺激的な新製品の初公開は、全国メディアで広く取り上げられた。

Our company's exciting new product rollout was widely covered by the national media.

④ 貿易制裁は関連するすべての国に有害だが、時にそれは避けられない。

Trade sanctions are damaging to all countries involved, but there are times they are unavoidable.

trade sanctions と economic sanctions は、セットで覚えておきましょう。

⑤ 私は、裏庭のフェンス沿いにマツの苗木を植えた。

I planted pine saplings all along the fence in our backyard.

⑥ これらの書類への署名は、私の業務の範囲外なのでお断りします。

Signing these papers isn't within the scope of my job and I refuse to do it.

within the scope of ～の形で「～の範囲内で」の意味を表します。

Exercises

①左の1.～6.の単語に合う意味を右のあ～かから選び、カッコに記入しましょう。問題の一部は前の課からの出題です（答えはこのページ下にあります）。

1. retaliation	[　　]		あ	親密さ、信頼関係
2. sapling	[　　]		い	苗木、若木
3. scope	[　　]		う	仕返し、報復
4. remnant	[　　]		え	残余物
5. rapport	[　　]		お	遺物、名残、面影
6. relic	[　　]		か	範囲、幅、余地

②左のa.～f.の英語の定義に合う単語を右のあ～かから選び、カッコに記入しましょう。問題の一部は前の課からの出題です（答えはこのページ下にあります）。

a. a threatened penalty for disobeying a rule or law　[　　]

b. the act of making something, especially a service or product, available for the first time　[　　]

c. any practice or procedure performed or observed consistently, regularly, etc.　[　　]

d. to fall back into illness after a recovery

e. a deep sense of regret or guilt for a wrong committed　[　　] [　　]

f. a part or quantity that is left over after the greater part has been used or removed　[　　]

あ ritual
い remorse
う rollout
え relapse
お remnant
か sanction

● Exercises の答え
① 1. う　2. い　3. か　4. え　5. あ　6. お
② a. か　b. う　c. あ　d. え　e. い　f. お

111

単語を例文と共に学びましょう。音声を使ってリピート練習すると、よりよく覚えられます。英語の定義（イタリック部分）にも目を通しておきましょう。

---

103 **secession** [siséʃən]　　　SVL12

分離、分離独立

the withdrawal of a group from membership in a larger entity, especially a political entity

例文 Some U.S. states are thinking about secession.
（アメリカのいくつかの州は分離独立を考えている）

---

104 **seizure** [síːʒər]　　　SVL9

発作、脳卒中

a sudden attack of illness, especially an epileptic fit or a stroke

例文 I sometimes had seizures as a child. （私は子どもの頃しばしば発作を起こした）

※seizure は「つかむこと、捕らえること」が原義です。「押収、差し押さえ」といった意味で使われることもあります。

---

105 **self-discipline** [sèlfdísəplin]

自制

the ability to control oneself or make oneself do things that should be done

例文 Parents can teach their kids self-discipline.
（親は子どもに自制心を教えられる）

※「規律、抑制」を表す discipline に self（自己）が付いた語です。

106　seniority [siːnjɔ́ːrəti]　SVL10

年功序列、年長であること

the advantage or priority you get by working for a company for a long time

例文 We don't promote workers on seniority. （私たちは社員を年功序列では昇進させない）

※ senior（年長の、年長者）と同語源です。

107　slog [slɔ́g | slɑ́g]

辛い仕事、苦闘（の時間）、骨の折れる長時間の仕事

hard and persistent work

例文 I find my math class a slog. （数学の授業は苦闘の時間だ）

108　smuggler [smʌ́glər]　SVL8

密輸業者、密入国あっせん業者

a person who takes something illegally from one country to another

例文 Whiskey smugglers used this bay. （ウイスキーの密輸業者たちは、この入り江を使った）

※ 動詞形 smuggle（〜を密輸する）も併せて覚えておきましょう。

アウン・サン・スー・チー（ミャンマー民主化運動指導者）のインタビューより

For decades, the propaganda of the authoritarian governments had been that federalism equals the right to secession.

独裁政府は長年、「連邦主義は分離独立の権利と同等だ」というプロパガンダを流してきました。

例文の復習です。日本語の意味になるよう、空欄を埋めましょう。埋められなかった場合には、前の見開きページに戻って確認しましょう（答えはこのページ下にあります）。

① アメリカのいくつかの州は分離独立を考えている。

Some U.S. states are thinking about se_____.

② 私は子どもの頃しばしば発作を起こした。

I sometimes had se_____ as a child.

③ 親は子どもに自制心を教えられる。

Parents can teach their kids se_____.

④ 私たちは社員を年功序列では昇進させない。

We don't promote workers on se_____.

⑤ 数学の授業は苦闘の時間だ。

I find my math class a sl___.

⑥ ウイスキーの密輸業者たちは、この入り江を使った。

Whiskey sm_____ used this bay.

先ほどより例文が長くなります。ヒントも参考にしながら、日本語の意味になるよう空欄を埋めましょう（答えは次のページにあります）。

① 永久に続く国はなく、今、アメリカのいくつかの州は分離独立を考えている。

No country is permanent, and some U.S. states are now t_____ a_____ _____.

② 私は子どもの頃しばしば発作を起こしたが、大きくなって平気になった。

I sometimes h___ _____ as a child but I grew out of them.

「発作を起こした」は、基本動詞で言い表せます。

③ 親が子どもに自制心を教えられる一番いい方法は、手本を示すことだ。

The best way p_____ can t_____ their kids _____-_____ is by leading by example.

④ わが社では、社員を年功序列ではなく、能力で昇進させる。

At our company, we don't p_____ w_____ on _____ but rather by their abilities.

⑤ 歴史の授業は本当に楽しいが、数学の授業は苦闘の時間だ。

I really enjoy my history class, but I f____ my math class to be a _____.

「苦闘の時間だ」は、「苦闘の時間だと思う［感じる］」と考えましょう。

⑥ アルコールが違法だった時代に、ウイスキーの密輸業者たちは、この入り江をよく利用した。

During the time that alcohol was considered illegal, w_____ _____ frequently used this bay.

答え合わせをしましょう。さらに自分でも使えるよう、音声のあとについてリピートしてみましょう。

① 永久に続く国はなく、今、アメリカのいくつかの州は分離独立を考えている。

No country is permanent, and some U.S. states are now thinking about secession.

② 私は子どもの頃しばしば発作を起こしたが、大きくなって平気になった。

I sometimes had seizures as a child but I grew out of them.

grow out of 〜（成長して〜になる）も覚えておきましょう。

③ 親が子どもに自制心を教えられる一番いい方法は、手本を示すことだ。

The best way parents can teach their kids self-discipline is by leading by example.

④ わが社では、社員を年功序列ではなく、能力で昇進させる。

At our company, we don't promote workers on seniority but rather by their abilities.

この前置詞 on は、「〜に基づいて、〜に従って」という根拠・理由を表します。

⑤ 歴史の授業は本当に楽しいが、数学の授業は苦闘の時間だ。

I really enjoy my history class, but I find my math class to be a slog.

find A to be B の形で「A が B だと思う［感じる］」の意味を表します。

⑥ アルコールが違法だった時代に、ウイスキーの密輸業者たちは、この入り江をよく利用した。

During the time that alcohol was considered illegal, whiskey smugglers frequently used this bay.

Exercises

①左の**1.～6.**の単語に合う意味を右の**あ～か**から選び、カッコに記入しましょう。問題の一部は前の課からの出題です(答えはこのページ上にあります)。

1. secession [　　]	**あ** (新しい商品・サービスなどの)投入、初公開
2. seizure [　　]	**い** 分離、分離独立
3. seniority [　　]	**う** 儀式的行事、(儀式のように行う)日常の習慣的行為
4. sanction [　　]	**え** 制裁、処罰
5. ritual [　　]	**お** 年功序列、年長であること
6. rollout [　　]	**か** 発作、脳卒中

②左の**a.～f.**の英語の定義に合う単語を右の**あ～か**から選び、カッコに記入しましょう。問題の一部は前の課からの出題です(答えはこのページ下にあります)。

a. the ability to control oneself or make oneself do things that should be done [　　]	**あ** smuggler
b. hard and persistent work [　　]	**い** sapling
c. a person who takes something illegally from one country to another [　　]	**う** retaliation
d. the act of returning an injury or a wrong [　　]	**え** slog
e. the extent of the area or subject matter that is dealt with or to which it is relevant [　　]	**お** self-discipline
f. a young tree, particularly one with a slender trunk [　　]	**か** scope

● **Exercises の答え**
① 1. い　2. か　3. お　4. え　5. う　6. あ
② a. お　b. え　c. あ　d. う　e. か　f. い

117

単語を例文と共に学びましょう。音声を使ってリピート練習すると、よりよく覚えられます。英語の定義（イタリック部分）にも目を通しておきましょう。

109 **solidarity** [sὰlədǽrəti]　　SVL10

団結、連帯

unity (as of a group or class) based on common interests, objectives or standards

例文 We are showing solidarity with the team.（私たちはチームとの団結を示している）

※形容詞形 solid（一致団結した、確固たる）も併せて覚えましょう。

110 **spillover** [spílòuvər]

波及効果、溢出効果

results or effects that have spread to other situations or places

例文 Fighting along the border could cause some spillover.（国境沿いの戦闘は波及効果を招くことがある）

111 **stagnation** [stægnéiʃən]　　SVL11

停滞

a lack of activity, development or growth

例文 Artists have periods of creative stagnation.（芸術家には創作が停滞する時期がある）

※ stagnation と inflation（インフレ）を合成した stagflation（景気停滞下のインフレ）という経済用語があります。

112 streak [stríːk]

SVL8

性質、傾向

a strain or an element of a specified kind in someone's character

例文 That man has a cruel streak. （あの男には残酷になる傾向がある）

113 summons [sʌ́mənz]

（裁判所への）出頭命令、召喚

an official order or demand to appear in a court of law

例文 I received a summons for driving too fast. （車のスピードを出しすぎて、呼び出し状を受け取った）

※この形で単数形です。一方、動詞形はsummon（～を召喚する）です。

114 surveillance [sərvéiləns]

SVL10

監視、偵察

a close watch kept over a place or person because of a crime that has happened or is expected

例文 Real surveillance work is not exciting. （現実の偵察の仕事はわくわくするものではない）

ポール・クルーグマン（経済学者）のインタビューより

People tend to exaggerate how important these international spillovers are. But the spillovers are less than people think.

皆、国際的な波及効果の重要性を強調しすぎる傾向があります。波及効果というのは皆さんが思うほど大きくはありません。

119

例文の復習です。日本語の意味になるよう、空欄を埋めましょう。埋められなかった場合には、前の見開きページに戻って確認しましょう（答えはこのページ下にあります）。

① 私たちはチームとの団結を示している。

We are showing so＿＿＿＿＿ with the team.

② 国境沿いの戦闘は波及効果を招くことがある。

Fighting along the border could cause some sp＿＿＿＿.

③ 芸術家には創作が停滞する時期がある。

Artists have periods of creative st＿＿＿＿.

④ あの男は残酷になる傾向がある。

That man has a cruel st＿＿＿.

⑤ 車のスピードを出しすぎて、呼び出し状を受け取った。

I received a su＿＿＿＿ for driving too fast.

⑥ 現実の偵察の仕事はわくわくするものではない。

Real su＿＿＿＿＿ work is not exciting.

先ほどより例文が長くなります。ヒントも参考にしながら、日本語の意味になるよう空欄を埋めましょう（答えは次のページにあります）。

① 私たちはスクールカラーを身に着けて、バスケットボールチームとの団結を示している。

We are s＿＿＿＿ ＿＿＿＿＿＿ w＿＿ the basketball team by wearing our school colors.

② 国境沿いの戦闘は、隣国への波及効果を招くことがある。

Fighting along the border could c＿＿＿ some ＿＿＿＿＿ into the neighboring countries.

「波及効果を招く」は、「波及効果を引き起こす」と考えましょう。

③ 芸術家には創作が停滞する時期があるが、だいたいそのあとに、創作意欲が爆発する。

Artists have p＿＿＿＿ of c＿＿＿＿ ＿＿＿＿＿ often followed by great bursts of creativity.

④ あの男は自分の思いどおりにならないと、残酷になる傾向がある。

That man has a c＿＿＿ ＿＿＿＿ that comes out when he doesn't get his way.

「残酷になる傾向」は、「残酷な傾向［性質］」と考えましょう。

⑤ スクールゾーンで車のスピードを出しすぎて、今日、呼び出し状を受け取った。

I r＿＿＿＿ a ＿＿＿＿ today for driving too fast in a school zone.

⑥ 現実の偵察の仕事は、映画で見るほどわくわくするものではない。

R＿＿ ＿＿＿＿＿＿ w＿＿ is not as exciting as that shown in the movies.

答え合わせをしましょう。さらに自分でも使えるよう、音声のあとについてリピートしてみましょう。

① 私たちはスクールカラーを身に着けて、バスケットボールチームとの団結を示している。

We are showing solidarity with the basketball team by wearing our school colors.

solidarity は前置詞 with と相性が良く、with のあとに相手を表す語句が続きます。

② 国境沿いの戦闘は、隣国への波及効果を招くことがある。

Fighting along the border could cause some spillover into the neighboring countries.

③ 芸術家には創作が停滞する時期があるが、だいたいそのあとに、創作意欲が爆発する。

Artists have periods of creative stagnation often followed by great bursts of creativity.

④ あの男は自分の思いどおりにならないと、残酷になる傾向がある。

That man has a cruel streak that comes out when he doesn't get his way.

⑤ スクールゾーンで車のスピードを出しすぎて、今日、呼び出し状を受け取った。

I received a summons today for driving too fast in a school zone.

⑥ 現実の偵察の仕事は、映画で見るほどわくわくするものではない。

Real surveillance work is not as exciting as that shown in the movies.

「仕事、職」の意味での名詞 work は不可算なので、不定冠詞 a が付かない点に注意しましょう。

① 左の **1.**～**6.** の単語に合う意味を右の**あ～か**から選び、カッコに記入しましょう。問題の一部は前の課からの出題です（答えはこのページ上にあります）。

1. summons   [   ]   **あ** 監視、偵察

2. surveillance   [   ]   **い** 辛い仕事、苦闘（の時間）、骨の折れる長
　　　　　　　　　　　　　　　　　時間の仕事

3. spillover   [   ]   **う** 密輸業者、密入国あっせん業者

4. slog   [   ]

5. self-discipline   [   ]   **え** （裁判所への）出頭命令、召喚

6. smuggler   [   ]   **お** 波及効果、溢出効果

　　　　　　　　　　　　　　　　　か 自制

② 左の **a.**～**f.** の英語の定義に合う単語を右の**あ～か**から選び、カッコに記入しましょう。問題の一部は前の課からの出題です（答えはこのページ下にあります）。

a. a strain or an element of a specified kind in someone's character   [   ]   **あ** streak

い stagnation

b. a lack of activity, development or growth   [   ]

う secession

c. unity (as of a group or class) based on common interests, objectives or standards   [   ]   **え** seniority

お solidarity

か seizure

d. a sudden attack of illness, especially an epileptic fit or a stroke   [   ]

e. the withdrawal of a group from membership in a larger entity, especially a political entity   [   ]

f. the advantage or priority you get by working for a company for a long time   [   ]

● Exercises の答え
① 1. え　2. あ　3. お　4. い　5. か　6. う
② a. あ　b. い　c. お　d. か　e. う　f. え

単語を例文と共に学びましょう。音声を使ってリピート練習すると、よりよく覚えられます。英語の定義（イタリック部分）にも目を通しておきましょう。

---

115 **swelling** [swéliŋ]　　　　SVL7

腫れ

an area of your body that has increased as a result of an illness or injury

例文 An ugly swelling has come up on my elbow.
（肘にみっともない腫れができた）

※swellも「突起、はれもの、膨らむこと」の意味の名詞として使われます。

---

116 **tearjerker** [tíərdʒə̀:rkər]

お涙頂戴もの、感傷的で涙を誘う話

[informal] a sad story or movie that makes you cry

例文 The story is a real tearjerker. （その話は本当に泣ける）

※tear（涙）とjerk（〜を引く）が元になってできた語と考えるといいでしょう。

---

117 **tenure** [ténjər]　　　　SVL10

在職期間、任期

the period of time when someone has an important position or job

例文 During her tenure, she saved the company. （彼女は在任期間中に、会社を救った）

118 **testimony** [téstəmòuni]　SVL8

証言、供述書

a spoken or written statement that something is true, especially that given in a law court

例文 The judge decided to allow the testimony.（裁判長はその証言を認めることにした）

119 **thrust** [θrʌst]　SVL6

要点、主眼、目的

the basic meaning or point of something that is discussed or written about

例文 You missed the main thrust of my report.（私の報告書の趣旨をあなたは見逃している）

※この意味では、main（主な）と共に用いられることがよくあります。

120 **toil** [tɔil]　SVL7

仕事、苦労

hard work, especially work that makes you feel exhausted

例文 My grandfather described the toils of farm life.（祖父は農場生活の苦労について話した）

例文の復習です。日本語の意味になるよう、空欄を埋めましょう。埋められなかった場合には、前の見開きページに戻って確認しましょう(答えはこのページ下にあります)。

① 肘にみっともない腫れができた。

An ugly sw_____ has come up on my elbow.

② その話は本当に泣ける。

The story is a real te_____.

③ 彼女は在任期間中に、会社を救った。

During her te_____, she saved the company.

④ 裁判長はその証言を認めることにした。

The judge decided to allow the te_____.

⑤ 私の報告書の趣旨をあなたは見逃している。

You missed the main th_____ of my report.

⑥ 祖父は農場生活の苦労について話した。

My grandfather described the to____ of farm life.

●Reviewの答え
① swelling　② tearjerker　③ tenure　④ testimony　⑤ thrust　⑥ toils

先ほどより例文が長くなります。ヒントも参考にしながら、日本語の意味になるよう空欄を埋めましょう（答えは次のページにあります）。

① 肘にできたみっともない腫れを医者に診てもらう必要がある。

I need to see a doctor about an ugly _____ that has c____ ___ on my elbow.

② その話は、最初のほうは本当に泣けるが、そのあとで面白くなってくる。

The first part of the s_____ is a r____ _____ but then it gets funnier.

「本当に泣ける」は、「本当の涙を誘う話だ」と考えましょう。

③ 彼女は短い社長在任期間中に、倒産寸前の会社を救った。

D_____ her short _____ as president, she saved the company from going bankrupt.

「在任期間中」を表す前置詞が何かを考えてみましょう。

④ 裁判長は、8歳の犯罪目撃者の証言を認めることにした。

The j_____ decided to a_____ the _____ of the 8-year-old witness to the crime.

⑤ 私の報告書の趣旨は、もっと投資を奨励する必要があるということだが、それを見逃している。

You missed the m____ _____ of my r_____, which was that we need to encourage more investment.

「趣旨」をよく修飾する形容詞が何か、考えてみましょう。

⑥ 祖父は、この不毛な土地での農場生活の苦労と困窮について話した。

My grandfather described the t_____ and hardships of f____ l____ in this barren land.

答え合わせをしましょう。さらに自分でも使えるよう、音声のあとについてリピートしてみましょう。

① 肘にできたみっともない腫れを医者に診てもらう必要がある。

I need to see a doctor about an ugly swelling that has come up on my elbow.

② その話は、最初のほうは本当に泣けるが、そのあとで面白くなってくる。

The first part of the story is a real tearjerker but then it gets funnier.

③ 彼女は短い社長在任期間中に、倒産寸前の会社を救った。

During her short tenure as president, she saved the company from going bankrupt.

④ 裁判長は、8歳の犯罪目撃者の証言を認めることにした。

The judge decided to allow the testimony of the 8-year-old witness to the crime.

⑤ 私の報告書の趣旨は、もっと投資を奨励する必要があるということだが、それを見逃している。

You missed the main thrust of my report, which was that we need to encourage more investment.

⑥ 祖父は、この不毛な土地での農場生活の苦労と困窮について話した。

My grandfather described the toils and hardships of farm life in this barren land.

toilとhardshipは「苦労、困難」を表す類義語の関係にあります。英語ではこのように、似た意味の語句を並べて使うことがよくあります。

① 左の **1.〜6.** の単語に合う意味を右の**あ〜か**から選び、カッコに記入しましょう。問題の一部は前の課からの出題です（答えはこのページ下にあります）。

1. tearjerker	[ ]	**あ**	停滞
2. streak	[ ]	**い**	性質、傾向
3. toil	[ ]	**う**	証言、供述書
4. testimony	[ ]	**え**	仕事、苦労
5. solidarity	[ ]	**お**	お涙頂戴もの、感傷的で涙を誘う話
6. stagnation	[ ]	**か**	団結、連帯

② 左の **a.〜f.** の英語の定義に合う単語を右の**あ〜か**から選び、カッコに記入しましょう。問題の一部は前の課からの出題です（答えはこのページ下にあります）。

a. an area of your body that has increased as [   ]   **あ** thrust
a result of an illness or injury

  い tenure

b. the basic meaning or point of something [   ]   **う** surveillance
that is discussed or written about

  え swelling

c. the period of time when someone has an [   ]   **お** summons
important position or job

  か spillover

d. a close watch kept over a place or person [   ]
because of a crime that has happened or
is expected

e. an official order or demand to appear in a [   ]
court of law

f. results or effects that have spread to other [   ]
situations or places

● Exercises の答え
① 1. お　2. い　3. え　4. う　5. か　6. あ
② a. え　b. あ　c. い　d. う　e. お　f. か

単語を例文と共に学びましょう。音声を使ってリピート練習すると、よりよく覚えられます。英語の定義(イタリック部分)にも目を通しておきましょう。

121 trait [tréit] SVL8

特徴、特性

a distinguishing characteristic or quality, especially as of personality

例文 Musical talent is one of our family traits. (音楽の才能はわが家の特徴の一つだ)

※主に気質や身体に関わる遺伝的な特性を指す言葉です。

122 tribute [tríbju:t] SVL7

賛辞、称賛、感謝の印

a gift, testimonial, compliment, etc., given as due or in acknowledgment of gratitude or praise

例文 This concert is a tribute to Beethoven. (このコンサートはベートーベンへの賛辞だ)

123 tuberculosis [tjubə̀ːrkjulóusis] SVL11

結核(症)

a serious infectious disease that can especially attack the lungs

例文 Tuberculosis is a very rare disease now. (結核は今ではとても珍しい病気だ)

130

124 tumor [tjúːmər] `SVL9`

腫瘍

a mass of cells that grow in an abnormal way

例文 I had a tumor in my throat. （私は喉に腫瘍があった）

---

125 turnover [tə́ːrnòuvər] `SVL7`

離職率、労働移動率

the rate at which workers leave a company and are replaced by other people

例文 Turnover among hourly workers is greater.

（時給制の労働者の離職率はより高い）

※「回転する、入れ替わる」という意味の動詞句 turn over が名詞化したと考えるといいでしょう。「売上高」の意味もあります。

---

126 turnstile [tə́ːrnstàil]

自動改札口、入出場ゲート

a turning gate at the entrance to a building, stadium, etc., that allows one person to go through at a time

例文 The turnstile closed on me. （自動改札口が私のところで閉まった）

※元々は、放射状に設けられた複数の金属バーが回転する形式の改札口や入場口を指す言葉です。

ウィリアム・ヒューレット（ヒューレット・パッカード社共同創業者）のインタビューより

One of our fellows got tuberculosis, and he had a family, and he had to take two years off. He had no income, but we paid for it.

仲間の1人が結核にかかってしまい、家族があったのですが、2年間休職せざるを得なくなりました。収入がなくなってしまうので、私たちはその間も給料を払いました。

例文の復習です。日本語の意味になるよう、空欄を埋めましょう。埋められなかった場合には、前の見開きページに戻って確認しましょう（答えはこのページ下にあります）。

① 音楽の才能はわが家の特徴の一つだ。

Musical talent is one of our family tr_____.

② このコンサートはベートーベンへの賛辞だ。

This concert is a tr_____ to Beethoven.

③ 結核は今ではとても珍しい病気だ。

Tu_____ is a very rare disease now.

④ 私は喉に腫瘍があった。

I had a tu____ in my throat.

⑤ 時給制の労働者の離職率はより高い。

Tu_____ among hourly workers is greater.

⑥ 自動改札口が私のところで閉まった。

The tu_____ closed on me.

先ほどより例文が長くなります。ヒントも参考にしながら、日本語の意味になるよう空欄を埋めましょう(答えは次のページにあります)。

① 音楽の才能はわが家の特徴の一つだが、残念ながら、その才能は私を素通りしてしまっている。

Musical t＿＿＿＿ is one of our f＿＿＿＿ ＿＿＿＿ but, unfortunately, that one passed me by.

② このコンサートは、ベートーベンだけでなく、他の偉大な作曲家数人への賛辞だ。

This concert is a ＿＿＿＿＿ ＿＿ Beethoven as well as to several other great composers.

「賛辞」を送る対象を表す前置詞が何か、考えてみましょう。

③ 結核は今ではとても珍しい病気だが、かつては必ずしもそうではなかった。

＿＿＿＿＿＿＿ is a very r＿＿ d＿＿＿＿ now, but it wasn't always so.

④ 私は喉に腫瘍があったので、切除しなければならなかった。

I h＿＿ a ＿＿＿＿ in my throat and had to have it removed.

「腫瘍があった」は、「腫瘍を持っていた」と考えましょう。

⑤ 時給制の労働者の離職率は、月給制の労働者よりも高い。

＿＿＿＿＿＿ among h＿＿＿＿ w＿＿＿＿＿ is greater than among those on a monthly salary.

⑥ 切符をさかさまに入れたら、自動改札口が私のところで閉まった。

The ＿＿＿＿＿＿ c＿＿＿＿ ＿＿ me when I put my ticket in the wrong way.

答え合わせをしましょう。さらに自分でも使えるよう、音声のあとについてリピートしてみましょう。

① 音楽の才能はわが家の特徴の一つだが、残念ながら、その才能は私を素通りしてしまっている。

Musical talent is one of our family traits but, unfortunately, that one passed me by.

この場合のfamilyには「家系」といったニュアンスがあります。

② このコンサートは、ベートーベンだけでなく、他の偉大な作曲家数人への賛辞だ。

This concert is a tribute to Beethoven as well as to several other great composers.

tributeには前置詞toが続くことが多く、そのあとに賛辞を送る相手を表す語句が来ます。

③ 結核は今ではとても珍しい病気だが、かつては必ずしもそうではなかった。

Tuberculosis is a very rare disease now, but it wasn't always so.

④ 私は喉に腫瘍があったので、切除しなければならなかった。

I had a tumor in my throat and had to have it removed.

⑤ 時給制の労働者の離職率は、月給制の労働者よりも高い。

Turnover among hourly workers is greater than among those on a monthly salary.

⑥ 切符をさかさまに入れたら、自動改札口が私のところで閉まった。

The turnstile closed on me when I put my ticket in the wrong way.

①左の1.〜6.の単語に合う意味を右の**あ〜か**から選び、カッコに記入しましょう。問題の一部は前の課からの出題です（答えはこのページ下にあります）。

1. tumor	[　]	**あ**	腫れ
2. tuberculosis	[　]	**い**	腫瘍
3. trait	[　]	**う**	在職期間、任期
4. thrust	[　]	**え**	要点、主眼、目的
5. swelling	[　]	**お**	特徴、特性
6. tenure	[　]	**か**	結核（症）

②左の**a.〜f.**の英語の定義に合う単語を右の**あ〜か**から選び、カッコに記入しましょう。問題の一部は前の課からの出題です（答えはこのページ下にあります）。

a. a turning gate at the entrance to a building, stadium, etc., that allows one person to go through at a time　[　]

b. the rate at which workers leave a company and are replaced by other people　[　]

c. a gift, testimonial, compliment, etc., given as due or in acknowledgment of gratitude or praise　[　]

d. hard work, especially work that makes you feel exhausted　[　]

e. a spoken or written statement that something is true, especially that given in a law court　[　]

f. [informal] a sad story or movie that makes you cry　[　]

あ toil
い turnover
う turnstile
え tribute
お tearjerker
か testimony

● Exercises の答え
① 1. い　2. か　3. お　4. え　5. あ　6. う
② a. う　b. い　c. え　d. あ　e. か　f. お

単語を例文と共に学びましょう。音声を使ってリピート練習すると、よりよく覚えられます。英語の定義（イタリック部分）にも目を通しておきましょう。

---

127 **tutorial** [tjuːtɔ́ːriəl]　　　　**SVL9**

説明書、指導マニュアル

information or instructions on how to use or do something

例文 Click here to see a video tutorial. （学習用ビデオをご覧になるには、こちらをクリックしてください）

※何かの手順や方法を説明するための教材やプログラムを指します。

---

128 **tyranny** [tírəni]　　　　**SVL7**

専制政治、暴政

the government or authority of a tyrant or absolute ruler

例文 We live under the tyranny of the clock. （われわれは時間に支配された生活を送っている）

※関連語としてtyrant（専制君主、暴君）も併せて覚えておきましょう。

---

129 **underachievement** [ʌ̀ndərətʃíːvmənt]

不振

the fact of doing less well than you could do, especially in your schoolwork

例文 The possibility of underachievement frightens me. （私は業績不振の可能性が怖い）

130 undertaking [Àndərtéikiŋ] `SVL7`

（大変な）仕事、企画

a task, an enterprise, etc.

例文 Moving is a major undertaking. （引っ越しは一大事業だ）

※動詞 undertake（〜［仕事など］を引き受ける）が名詞化した語と考えるといいでしょう。

131 upside [Ápsàid] `SVL10`

良い面、利点

an encouraging or a positive aspect; the benefits

例文 The upside is there'll be no shortage of jobs. （利点は仕事に不自由しないことだ）

※反意語の downside（悪い面）も併せて覚えましょう。

132 whim [hwím] `SVL10`

気まぐれ、思いつき

a sudden fancy or idea, especially one that cannot be reasonably explained

例文 On a whim, I cut my hair short. （思いつきで、私は髪を短く切った）

※関連語の形容詞 whimsical（気まぐれな、とっぴな）も併せて覚えておきましょう。

例文の復習です。日本語の意味になるよう、空欄を埋めましょう。埋められなかった場合には、前の見開きページに戻って確認しましょう（答えはこのページ下にあります）。

① 学習用ビデオをご覧になるには、こちらをクリックしてください。

Click here to see a video tu_____.

② われわれは時間に支配された生活を送っている。

We live under the ty_____ of the clock.

③ 私は業績不振の可能性が怖い。

The possibility of un_____ frightens me.

④ 引っ越しは一大事業だ。

Moving is a major un_____.

⑤ 利点は仕事に不自由しないことだ。

The up_____ is there'll be no shortage of jobs.

⑥ 思いつきで、私は髪を短く切った。

On a wh___, I cut my hair short.

● Reviewの答え
① tutorial　② tyranny　③ underachievement　④ undertaking
138　⑤ upside　⑥ whim

先ほどより例文が長くなります。ヒントも参考にしながら、日本語の意味になるよう空欄を埋めましょう（答えは次のページにあります）。

① ブログの設定方法について、段階を踏んだ学習用ビデオをご覧になるには、こちらをクリックしてください。

Click here to see a step-by-step v_____ _____ on how to set up your blog.

② 近年、われわれは時間に支配された生活を送っているが、昔は必ずしもそうではなかった。

These days, we live u_____ the _____ of the c_____, but it wasn't always so.

「時間に支配された」を、前置詞を2つ含んだフレーズを使って表現します。

③ 私は大きなリスクを負うことよりも、業績不振の可能性が怖い。

The p_____ of _____ f_____ me far more than taking big risks.

④ 引っ越しは一大事業だが、適切な計画と準備が本当に助けになる。

Moving is _ m_____ _____, but proper planning and preparation can really help.

この「一大事業」は、「大掛かりな仕事」と解釈するといいでしょう。

⑤ 人口減少の利点は、仕事に不自由しないことだ。

The _____ of the population decline is that there'll be no s_____ of j____.

⑥ 思いつきで、私は長い髪を短く切り、ピクシーカットにした。

O_ _ _____, I cut my long hair short into a pixie style.

「思いつきで」は、前置詞を含む、ある決まったフレーズで表現できます。

答え合わせをしましょう。さらに自分でも使えるよう、音声のあとについてリピートしてみましょう。

① ブログの設定方法について、段階を踏んだ学習用ビデオをご覧になるには、こちらをクリックしてください。

Click here to see a step-by-step video tutorial on how to set up your blog.

② 近年、われわれは時間に支配された生活を送っているが、昔は必ずしもそうではなかった。

These days, we live under the tyranny of the clock, but it wasn't always so.

under the tyranny of ～で「～の支配の下で、～に支配されて」の意味です。

③ 私は大きなリスクを負うことよりも、業績不振の可能性が怖い。

The possibility of underachievement frightens me far more than taking big risks.

④ 引っ越しは一大事業だが、適切な計画と準備が本当に助けになる。

Moving is a major undertaking, but proper planning and preparation can really help.

⑤ 人口減少の利点は、仕事に不自由しないことだ。

The upside of the population decline is that there'll be no shortage of jobs.

⑥ 思いつきで、私は長い髪を短く切り、ピクシーカットにした。

On a whim, I cut my long hair short into a pixie style.

on a whim は「思いつきで、気まぐれで」の意味の副詞句です。

①左の**1.**〜**6.**の単語に合う意味を右の**あ〜か**から選び、カッコに記入しましょう。問題の一部は前の課からの出題です（答えはこのページ下にあります）。

1. tyranny	[　]	**あ** 賛辞、称賛、感謝の印
2. whim	[　]	**い** （大変な）仕事、企画
3. undertaking	[　]	**う** 自動改札口、入出場ゲート
4. turnstile	[　]	**え** 離職率、労働移動率
5. tribute	[　]	**お** 気まぐれ、思いつき
6. turnover	[　]	**か** 専制政治、暴政

②左の**a.**〜**f.**の英語の定義に合う単語を右の**あ〜か**から選び、カッコに記入しましょう。問題の一部は前の課からの出題です（答えはこのページ下にあります）。

a. a serious infectious disease that can especially attack the lungs　[　]

b. a distinguishing characteristic or quality, especially as of personality　[　]

c. the fact of doing less well than you could do, especially in your schoolwork　[　]

d. information or instructions on how to use or do something　[　]

e. a mass of cells that grow in an abnormal way　[　]

f. an encouraging or a positive aspect; the benefits　[　]

あ tutorial
い tumor
う upside
え trait
お tuberculosis
か underachievement

Chapter 2

英語らしい英語を話すための重要品詞❶

他動詞

(162) poke

こんな単語を学びます

139 desensitize: 〜を鈍感にさせる

I think that we've been completely **desensitized** in our shock factor, and the media continues to feed you what you want.

私たちは過激なことにもすっかり鈍感になってしまっていて、メディアは私たちの欲しがるものを提供し続けています。

ジェニファー・ローレンス（女優。「ハンガー・ゲーム」他主演）のインタビューより

単語を例文と共に学びましょう。音声を使ってリピート練習すると、よりよく覚えられます。英語の定義（イタリック部分）にも目を通しておきましょう。

---

133 **affront** [əfrʌ́nt]　　SVL12

〜を侮辱する

to offend by an open manifestation of disrespect; to insult

例文 She was deeply affronted by his rudeness. （彼女は、彼の無礼に深く侮辱を受けた）

※ほとんどの場合、例文のように受動態で用いられる動詞です。

---

134 **alleviate** [əlíːvièit]　　SVL11

〜を緩和する、〜を軽減する

to make easier to endure; lessen; mitigate

例文 This medicine will alleviate your pain. （この薬は痛みを和らげるだろう）

---

135 **breach** [bríːtʃ]　　SVL8

〜に違反する、〜（規則など）を破る

to violate or break (a law, promise, etc.)

例文 Parking in that spot breaches the traffic laws. （そのスペースに駐車することは、交通法規に違反する）

※「違反」の意味の名詞として用いられることも少なくありません。

136 chronicle [kránikl]　SVL9

〜を記録する、〜を歴史にとどめる

to record in or write the history of

例文 Marco Polo chronicled his amazing trip to China.（マルコ・ポーロは、中国への驚くべき旅を記録した）

※「年代記」の意味の名詞としても、よく用いられます。

137 defer [difə́ːr]　SVL10

〜を延期する、〜を後回しにする

delay; to put off (action, consideration, etc.) to a future time

例文 These days, many young people defer getting married.（最近では、たくさんの若者が結婚を後回しにしている）

138 deploy [diplɔ́i]　SVL12

〜（部隊、人員、装備）を配備する、配置する

to station or bring into position in accordance with a plan

例文 Police are deploying specially trained dogs.
（警察は特別に訓練を受けた犬を配置している）

※名詞形deployment（［部隊・兵器の］配置、展開）も併せて覚えましょう。

例文の復習です。日本語の意味になるよう、空欄を埋めましょう。埋められなかった場合には、前の見開きページに戻って確認しましょう（答えはこのページ下にあります）。

① 彼女は、彼の無礼に深く侮辱を受けた。

　She was deeply af＿＿＿＿＿ by his rudeness.

② この薬は痛みを和らげるだろう。

　This medicine will al＿＿＿＿＿ your pain.

③ そのスペースに駐車することは、交通法規に違反する。

　Parking in that spot br＿＿＿＿＿ the traffic laws.

④ マルコ・ポーロは、中国への驚くべき旅を記録した。

　Marco Polo ch＿＿＿＿＿ his amazing trip to China.

⑤ 最近では、たくさんの若者が結婚を後回しにしている。

　These days, many young people de＿＿ getting married.

⑥ 警察は特別に訓練を受けた犬を配置している。

　Police are de＿＿＿＿＿ specially trained dogs.

先ほどより例文が長くなります。ヒントも参考にしながら、日本語の意味になるよう空欄を埋めましょう（答えは次のページにあります）。

① 彼女は彼の無礼に深く侮辱を受け、彼の頭にグラスのワインをかけた。

She was d_____ _____ by his r_____ and poured a glass of wine on his head.

彼女に侮辱を与えたものが、byのあとに置かれます。

② この薬は痛みを和らげるだろうが、症状を改善してはくれない。

This m_____ will _____ your p___, but it won't make you better.

③ そのバリアフリー駐車スペースに無許可で駐車することは、交通法規に違反する。

Parking in that accessible parking spot without a permit _____ the t_____ l___.

文の主語と動詞が離れているので注意しましょう。

④ マルコ・ポーロが中国への驚くべき旅を記録してから700年以上たった。

It has been over 700 years since Marco Polo _____ his a_____ t____ to China.

⑤ 最近では、たくさんの若者が、いい仕事を見つけるまで結婚を後回しにしている。

These days, many young people _____ g_____ m_____ until they find themselves good jobs.

「後回しにする」の意味の動詞の語法に注意しましょう。

⑥ 空港警察は、違法薬物を検知するために特別に訓練を受けた犬を配置している。

The airport police are _____ specially t_____ d____ to detect illegal substances.

答え合わせをしましょう。さらに自分でも使えるよう、音声のあとについてリピートしてみましょう。

① 彼女は彼の無礼に深く侮辱を受け、彼の頭にグラスのワインをかけた。

She was deeply affronted by his rudeness and poured a glass of wine on his head.

② この薬は痛みを和らげるだろうが、症状を改善してはくれない。

This medicine will alleviate your pain, but it won't make you better.

alleviate の目的語は、原則的に苦痛や問題、障害などを表す語句です。

③ そのバリアフリー駐車スペースに無許可で駐車することは、交通法規に違反する。

Parking in that accessible parking spot without a permit breaches the traffic laws.

④ マルコ・ポーロが中国への驚くべき旅を記録してから700年以上たった。

It has been over 700 years since Marco Polo chronicled his amazing trip to China.

⑤ 最近では、たくさんの若者が、いい仕事を見つけるまで結婚を後回しにしている。

These days, many young people defer getting married until they find themselves good jobs.

defer は動名詞を目的語に取り、to 不定詞を目的語に取ることはありません。この語法は、類義語の postpone と共通しています。

⑥ 空港警察は、違法薬物を検知するために特別に訓練を受けた犬を配置している。

The airport police are deploying specially trained dogs to detect illegal substances.

Exercises

①左の**1.**〜**6.**の単語に合う意味を右の**あ〜か**から選び、カッコに記入しましょう(答えはこのページ下にあります)。

1. chronicle   [   ]   **あ** 〜に違反する、〜(規則など)を破る

2. alleviate   [   ]   **い** 〜を記録する、〜を歴史にとどめる

3. breach   [   ]   **う** 〜を延期する、〜を後回しにする

4. deploy   [   ]   **え** 〜を侮辱する

5. affront   [   ]   **お** 〜を緩和する、〜を軽減する

6. defer   [   ]   **か** 〜(部隊、人員、装備)を配備する、配置する

②左の**a.**〜**f.**の英語の定義に合う単語を右の**あ〜か**から選び、カッコに記入しましょう(答えはこのページ下にあります)。

a. to offend by an open manifestation of disrespect; to insult   [   ]   **あ** defer

   い alleviate

b. to violate or break (a law, promise, etc.)   [   ]   **う** breach

c. to make easier to endure; lessen; mitigate   [   ]   **え** affront

d. to station or bring into position in accordance with a plan   [   ]   **お** deploy

   か chronicle

e. delay; to put off (action, consideration, etc.) to a future time   [   ]

f. to record in or write the history of   [   ]

単語を例文と共に学びましょう。音声を使ってリピート練習すると、よりよく覚えられます。英語の定義（イタリック部分）にも目を通しておきましょう。

139 **desensitize** [diːsénsətàiz]

〜を鈍感にさせる

to make less sensitive to

例文 I've become desensitized to the sight of blood.

（私は血を見ることに鈍感になっている）

※動詞 sensitize（〜を敏感にさせる）に否定の接頭辞 de- を付けた形です。

140 **distort** [distɔ́ːrt]　　　　　SVL7

〜をゆがめる、〜を捻じ曲げる

to misstate or misrepresent

例文 He distorted the facts of the story.（彼は話の真相をゆがめた）

※名詞形 distortion（ゆがみ、歪曲）も併せて覚えておきましょう。

141 **diversify** [divə́ːrsəfài]　　　　SVL10

〜を多様にする、〜を多彩にする

to make diverse, as in form or character; to vary

例文 The company is trying to diversify its sources of income.（その会社は、収入源を多様化しようとしている）

142 **divine** [diváin]   SVL6

〜を占う、〜を探り当てる、〜を見抜く

to discover or conjecture (something obscure or in the future)

例文 You can't divine what I'm really thinking. （あなたには、私が本当は何を考えているかは見抜けない）

※名詞としては「神」、形容詞としては「神の」の意味で用いられます。

143 **eviscerate** [ivísərèit]

〜を骨抜きにする、〜を腑抜けにする

to deprive of vital or essential parts; take away the significance of

例文 Fashion writers eviscerated his latest collection. （ファッションライターたちは、彼の最新コレクションをこき下ろした）

144 **excavate** [ékskəvèit]   SVL12

〜を掘る、〜を掘削する

to unearth; to uncover or expose by digging

例文 We excavated a Roman trash pile. （私たちはローマ人のごみの山を発掘した）

ベン・アフレック（俳優）のインタビューより

A big part of the movie is the audience trying to divine what's inside this guy.

この男の心中に何があるのかを観客が探り当てようとすることが、この作品の大きな要素です。

例文の復習です。日本語の意味になるよう、空欄を埋めましょう。埋められなかった場合には、前の見開きページに戻って確認しましょう（答えはこのページ下にあります）。

① 私は血を見ることに鈍感になっている。

I've become de＿＿＿＿＿＿ to the sight of blood.

② 彼は話の真相をゆがめた。

He di＿＿＿＿ the facts of the story.

③ その会社は、収入源を多様化しようとしている。

The company is trying to di＿＿＿＿ its sources of income.

④ あなたには、私が本当は何を考えているかは見抜けない。

You can't di＿＿＿ what I'm really thinking.

⑤ ファッションライターたちは、彼の最新コレクションをこき下ろした。

Fashion writers ev＿＿＿＿＿ his latest collection.

⑥ 私たちはローマ人のごみの山を発掘した。

We ex＿＿＿＿ a Roman trash pile.

●Review の答え
① desensitized ② distorted ③ diversify ④ divine ⑤ eviscerated
⑥ excavated

先ほどより例文が長くなります。ヒントも参考にしながら、日本語の意味になるよう空欄を埋めましょう（答えは次のページにあります）。

① 今や看護師になって、私は血を見ることに鈍感になっている。

Now that I'm a nurse, I've become ＿＿＿＿＿＿＿＿ to the s＿＿＿ of b＿＿＿＿.

「血を見る」は「血の光景」と考えましょう。

② 彼が話の真相をゆがめたので、実際に何があったのかを話そう。

Let me tell you what actually happened because he ＿＿＿＿＿＿＿＿ the f＿＿＿ of the s＿＿＿＿.

③ ブランドの構築を目指して、その会社は収入源を多様化しようとしている。

As it looks to build its brand, the company is trying to ＿＿＿＿＿＿＿＿ its s＿＿＿＿＿＿ of i＿＿＿＿＿.

ここでは「収入源」を、前置詞ofを含む3語で言い表してみましょう。

④ 私のことをよく知っているつもりでも、私が本当は何を考えているかは見抜けない。

You think you know me well, but you can't ＿＿＿＿＿＿ w＿＿＿ ＿＿＿ really t＿＿＿＿＿＿.

「見抜く」対象を、名詞節で表現してみましょう。

⑤ ファッションライターたちは、彼の最新コレクションを淡白でつまらないと酷評した。

Describing it as bland and uninspiring, fashion writers ＿＿＿＿＿＿＿＿＿ his l＿＿＿＿＿ c＿＿＿＿＿＿＿＿.

⑥ 私たちは、2,000年前のローマ人のごみの山を発掘して、調査した。

We ＿＿＿＿＿＿＿＿ and studied a Roman t＿＿＿＿ p＿＿＿ from 2,000 years ago.

答え合わせをしましょう。さらに自分でも使えるよう、音声のあとについてリピートしてみましょう。

① 今や看護師になって、私は血を見ることに鈍感になっている。

Now that I'm a nurse, I've become desensitized to the sight of blood.

desensitize A to B の形で「AをBに対して鈍感にさせる」の意味を表します。ここではそれが受動態で用いられています。

② 彼が話の真相をゆがめたので、実際に何があったのかを話そう。

Let me tell you what actually happened because he distorted the facts of the story.

③ ブランド構築を目指して、その会社は収入源を多様化しようとしている。

As it looks to build its brand, the company is trying to diversify its sources of income.

「収入源」は income sources とも言えます。look to ～ は「～しようとする」の意味です。

④ 私のことをよく知っているつもりでも、私が本当は何を考えているかは見抜けない。

You think you know me well, but you can't divine what I'm really thinking.

⑤ ファッションライターたちは、彼の最新コレクションを淡白でつまらないと酷評した。

Describing it as bland and uninspiring, fashion writers eviscerated his latest collection.

⑥ 私たちは、2,000年前のローマ人のごみの山を発掘して、調査した。

We excavated and studied a Roman trash pile from 2,000 years ago.

Exercises

①左の**1.**～**6.**の単語に合う意味を右の**あ～か**から選び、カッコに記入しましょう。問題の一部は前の課からの出題です（答えはこのページ下にあります）。

1. divine   [   ]   **あ** ～に違反する、～（規則など）を破る

2. excavate   [   ]   **い** ～を緩和する、～を軽減する

3. desensitize   [   ]   **う** ～を掘る、～を掘削する

4. alleviate   [   ]   **え** ～を占う、～を探り当てる、～を見抜く

5. affront   [   ]   **お** ～を侮辱する

6. breach   [   ]   **か** ～を鈍感にさせる

②左の**a.**～**f.**の英語の定義に合う単語を右の**あ～か**から選び、カッコに記入しましょう。問題の一部は前の課からの出題です（答えはこのページ下にあります）。

a. to misstate or misrepresent   [   ]   **あ** defer

b. to deprive of vital or essential parts;   [   ]   **い** chronicle
take away the significance of   **う** deploy

c. to make diverse, as in form or   [   ]   **え** distort
character; to vary   **お** diversify

d. to station or bring into position in   [   ]   **か** eviscerate
accordance with a plan

e. delay; to put off (action, consideration,   [   ]
etc.) to a future time

f. to record in or write the history of   [   ]

●Exercises の答え
① 1. え   2. う   3. か   4. い   5. お   6. あ
② a. え   b. か   c. お   d. う   e. あ   f. い

単語を例文と共に学びましょう。音声を使ってリピート練習すると、よりよく覚えられます。英語の定義（イタリック部分）にも目を通しておきましょう。

145 extrapolate [ikstrǽpəlèit]
〜（既知の事実などを基に、未知のこと）を推定する
to speculate on the basis of known facts

例文 You can't extrapolate a game's result from the half-time score. （ハーフタイムのスコアから、試合の結果を予測することはできない）

146 fast-track [fǽst-trǽk]
〜（[〜の]処理速度）を上げる、〜（[ニーズの高い治験薬の]認可手続き）を早める
to advance or speed up

例文 The city fast-tracked its plans for a new park.
（その市は、新しい公園の建設計画を早めた）

※形容詞として「迅速な」の意味で用いられることもあります。

147 fathom [fǽðəm]　　SVL11
〜を突き止める、〜を見抜く、〜を理解する
to penetrate to the truth of; comprehend; understand thoroughly

例文 I can't fathom the concepts of atomic physics.
（私には、原子物理学の概念を理解することができない）

156

148 fillet [filéi | fílit]　SVL8

〜（魚）をさばく、〜（肉・魚）を切り身にする

to bone and slice fish or meat

例文 You can get them to fillet the cod when you buy it. （タラを買うときに店でさばいてもらえる）

※名詞として「切り身、ヒレ肉」の意味で用いられることもあります。

149 galvanize [gǽlvənàiz]　SVL11

〜を刺激する、〜を活気づける

to stimulate by or as if by an electric current; to rouse; stir

例文 Local soccer fans were galvanized by their team's win. （地元のサッカーファンはチームの勝利に活気づいた）

150 gauge [géidʒ]　SVL8

〜を評価する、〜を判断する

to appraise; judge; estimate

例文 Insurance companies have to gauge the risks of various activities. （保険会社は、さまざまな活動のリスクを判断しなくてはならない）

ビンセント・スタンリー（パタゴニア社元副社長）のインタビューより

This organization is working to create an index that will gauge the environmental and social worth of different fabrics and processes that go into making clothing.

この組織はさまざまな布地や、それが衣類になる際のプロセスについての環境的・社会的価値を評価する指標を作ろうとしています。

例文の復習です。日本語の意味になるよう、空欄を埋めましょう。埋められなかった場合には、前の見開きページに戻って確認しましょう（答えはこのページ下にあります）。

① ハーフタイムのスコアから、試合の結果を予測することはできない。

You can't ex_____ a game's result from the half-time score.

② その市は、新しい公園の建設計画を早めた。

The city fa_____ its plans for a new park.

③ 私には、原子物理学の概念を理解することができない。

I can't fa_____ the concepts of atomic physics.

④ タラを買うときに店でさばいてもらえる。

You can get them to fi_____ the cod when you buy it.

⑤ 地元のサッカーファンはチームの勝利に活気づいた。

Local soccer fans were ga_____ by their team's win.

⑥ 保険会社は、さまざまな活動のリスクを判断しなくてはならない。

Insurance companies have to ga____ the risks of various activities.

先ほどより例文が長くなります。ヒントも参考にしながら、日本語の意味になるよう空欄を埋めましょう(答えは次のページにあります)。

① ハーフタイムのスコアから、試合の結果をどんな精度でも推測することはできない。

You can't _____ a game's r_____ from the half-time s_____ with any degree of accuracy.

② 地元住人からの圧力で、その市は新しい公園の建設計画を早めた。

Under pressure from the local residents, the city _____-_____ its p_____ for a new park.

③ 真剣に取り組んでいるにもかかわらず、私には原子物理学の概念を理解することができない。

Despite my sincere attempts, I can't _____ the c_____ of a_____ p_____.

④ タラを買うときに店でさばいてもらえれば、少しは手間を省くことができる。

You can save some effort if you can get t____ to _____ the cod when you buy it.

「店」を表す代名詞が何か、考えてみましょう。

⑤ 地元のサッカーファンはチームの勝利に活気づき、チームグッズをさらにたくさん購入している。

Local soccer fans were _____ b_ their team's w__ and are now buying even more team merchandise.

「サッカーファンは活気づき」の部分を受動態で表現するといいでしょう。

⑥ 保険会社は、さまざまな活動のリスクを判断した上で保険料を設定する必要がある。

Insurance companies have to _____ the r_____ of v_____ a_____ before they set their premiums.

答え合わせをしましょう。さらに自分でも使えるよう、音声のあとについてリピートしてみましょう。

① ハーフタイムのスコアから、試合の結果をどんな精度でも推測することはできない。

You can't extrapolate a game's result from the half-time score with any degree of accuracy.

extrapolate A from B の形で、「B から A を推測する」の意味を表します。

② 地元住人からの圧力で、その市は新しい公園の建設計画を早めた。

Under pressure from the local residents, the city fast-tracked its plans for a new park.

③ 真剣に取り組んでいるにもかかわらず、私には原子物理学の概念を理解することができない。

Despite my sincere attempts, I can't fathom the concepts of atomic physics.

④ タラを買うときに店でさばいてもらえれば、少しは手間を省くことができる。

You can save some effort if you can get them to fillet the cod when you buy it.

この them は「(タラを売っている)店(の人)」を指しています。

⑤ 地元のサッカーファンはチームの勝利に活気づき、チームグッズをさらにたくさん購入している。

Local soccer fans were galvanized by their team's win and are now buying even more team merchandise.

⑥ 保険会社は、さまざまな活動のリスクを判断した上で保険料を設定する必要がある。

Insurance companies have to gauge the risks of various activities before they set their premiums.

①左の**1.**〜**6.**の単語に合う意味を右の**あ〜か**から選び、カッコに記入しましょう。問題の一部は前の課からの出題です(答えはこのページ下にあります)。

1. fast-track　　[　　]　　**あ** 〜を多様にする、〜を多彩にする

2. gauge　　　　[　　]　　**い** 〜をゆがめる、〜を捻じ曲げる

3. galvanize　　[　　]　　**う** 〜を骨抜きにする、〜を腑抜けにする

4. diversify　　 [　　]　　**え** 〜([〜の]処理速度)を上げる、〜([ニーズ

5. eviscerate　　[　　]　　　　の高い治験薬の]認可手続き)を早める

6. distort　　　 [　　]　　**お** 〜を評価する、〜を判断する

　　　　　　　　　　　　　　　　か 〜を刺激する、〜を活気づける

②左の**a.**〜**f.**の英語の定義に合う単語を右の**あ〜か**から選び、カッコに記入しましょう。問題の一部は前の課からの出題です(答えはこのページ下にあります)。

a. to penetrate to the truth of; comprehend;　[　　]　　**あ** fathom
　　understand thoroughly　　　　　　　　　　　　　　　**い** fillet

b. to speculate on the basis of known facts　　[　　]　　**う** divine

c. to bone and slice fish or meat　　　　　　　 [　　]　　**え** extrapolate

d. to discover or conjecture (something　　　　 [　　]　　**お** excavate
　　obscure or in the future)　　　　　　　　　　　　　　**か** desensitize

e. to make less sensitive to　　　　　　　　　　[　　]

f. to unearth; to uncover or expose by　　　　 [　　]
　　digging

単語を例文と共に学びましょう。音声を使ってリピート練習すると、よりよく覚えられます。英語の定義（イタリック部分）にも目を通しておきましょう。

---

151 **harness** [háːrnəs]　　　SVL9

〜を役立てる、〜を利用する

to bring under conditions for effective use; to control for a particular end

例文 A steam engine harnesses the energy of steam.（蒸気機関は、蒸気のエネルギーを利用している）

※「馬具、シートベルト」を表す名詞として用いられることもあります。

---

152 **incur** [inkə́ːr]　　　SVL9

〜を被る、〜が科せられる

to bring or take upon oneself

例文 You'll find yourself incurring high fees.（あなたは高い料金を課金されるだろう）

※アクセントが後ろの音節に置かれる点に注意しましょう。

---

153 **inflict** [inflíkt]　　　SVL6

〜（苦痛）を与える、〜（苦痛）を負わせる

to impose as something that must be suffered or borne

例文 Words can inflict emotional pain, especially on children.（言葉は、特に子どもたちの心に痛みを与えることがある）

154 ingrain [ingréin]

〜を深くしみ込ませる、〜を根付かせる

to implant or fix firmly and deeply, as in the mind or nature

例文 My father ingrained the value of education into everyone he taught. （父は教育の価値を教え子全員に根付かせた）

155 instigate [ínstəgèit]　**SVL12**

〜をそそのかす、〜を扇動する

to urge on, provoke or incite to some action or course

例文 Citizens are not free to instigate violence. （市民に暴力をあおる自由はない）

※名詞形 instigation（扇動、教唆）も併せて覚えておきましょう。

156 internalize [intə́:rnəlàiz]

〜を内面化させる、〜を吸収する、〜を習得する

to interiorize; to incorporate (the prevailing cultural values, mores, motives, etc.)

例文 Our employees have internalized the company's ethical values. （わが社の社員たちは、会社の倫理観を会得している）

※形容詞形 internal（内部の、内面的な）も併せて覚えておきましょう。

例文の復習です。日本語の意味になるよう、空欄を埋めましょう。埋められなかった場合には、前の見開きページに戻って確認しましょう（答えはこのページ下にあります）。

① 蒸気機関は、蒸気のエネルギーを利用している。

A steam engine ha_____ the energy of steam.

② あなたは高い料金を課金されるだろう。

You'll find yourself in_____ high fees.

③ 言葉は、特に子どもたちの心に痛みを与えることがある。

Words can in_____ emotional pain, especially on children.

④ 父は教育の価値を教え子全員に根付かせた。

My father in_____ the value of education into everyone he taught.

⑤ 市民に暴力をあおる自由はない。

Citizens are not free to in_____ violence.

⑥ わが社の社員たちは、会社の倫理観を会得している。

Our employees have in_____ the company's ethical values.

先ほどより例文が長くなります。ヒントも参考にしながら、日本語の意味になるよう空欄を埋めましょう（答えは次のページにあります）。

① 蒸気機関は、蒸気のエネルギーを利用して機械を動かす。

A steam engine _____ the e_____ of steam and uses it to move machinery.

② スマホを使いすぎれば、高い料金を課金されるだろう。

If you use your smartphone too much, you'll find yourself _____ h____ f____.

この文では yourself が「（高い料金の課金）を被る」という動詞の意味上の主語だと考えましょう。

③ 教師は、言葉が特に子どもたちの心に痛みを与えることがあると再認識する必要がある。

Teachers need to be reminded that words can _____ e_____ p____, especially on children.

「心に痛みを与える」は、「感情的な痛みを与える」と捉えるといいでしょう。

④ 父は教育や勤勉の価値を、自分の学校の教え子全員に根付かせた。

My father _____ the v_____ of e_____ and hard work into everyone he taught at his school.

⑤ 市民に抗議する権利はあるが、暴力をあおる自由はない。

Citizens have the right to protest, but they are not free to _____ v_____.

「暴力をあおる自由はない」は、「暴力をあおることに自由ではない」と考えましょう。

⑥ わが社の社員は、会社の高い倫理観を自分のものとして会得している。

Our employees have _____ the company's high e_____ v_____ as their own.

答え合わせをしましょう。さらに自分でも使えるよう、音声のあとについてリピートしてみましょう。

① 蒸気機関は、蒸気のエネルギーを利用して機械を動かす。

A steam engine harnesses the energy of steam and uses it to move machinery.

② スマホを使いすぎれば、高い料金を課金されるだろう。

If you use your smartphone too much, you'll find yourself incurring high fees.

③ 教師は、言葉が特に子どもたちの心に痛みを与えることがあると再認識する必要がある。

Teachers need to be reminded that words can inflict emotional pain, especially on children.

inflict A on B の形で「A を B に与える、A を B に負わせる」の意味を表します。

④ 父は教育や勤勉の価値を、自分の学校の教え子全員に根付かせた。

My father ingrained the value of education and hard work into everyone he taught at his school.

ingrain A into B の形を取って「A を B に根付かせる」の意味を表します。

⑤ 市民に抗議する権利はあるが、暴力をあおる自由はない。

Citizens have the right to protest, but they are not free to instigate violence.

⑥ わが社の社員は、会社の高い倫理観を自分のものとして会得している。

Our employees have internalized the company's high ethical values as their own.

文末の as their own は、as their own ethical values（自分の倫理観として）の意味です。

①左の**1.**～**6.**の単語に合う意味を右の**あ～か**から選び、カッコに記入しましょう。問題の一部は前の課からの出題です(答えはこのページ下にあります)。

1. harness   [   ]
2. instigate   [   ]
3. ingrain   [   ]
4. extrapolate   [   ]
5. fillet   [   ]
6. fathom   [   ]

あ ～(既知の事実などを基に、未知のこと)を推定する

い ～を突き止める、～を見抜く、～を推測する

う ～(魚)をさばく、～(肉・魚)を切り身にする

え ～をそそのかす、～を扇動する

お ～を役立てる、～を利用する

か ～を深くしみ込ませる、～を根付かせる

②左の**a.**～**f.**の英語の定義に合う単語を右の**あ～か**から選び、カッコに記入しましょう。問題の一部は前の課からの出題です(答えはこのページ下にあります)。

a. to bring or take upon oneself   [   ]
b. to impose as something that must be suffered or borne   [   ]
c. to interiorize; to incorporate (the prevailing cultural values, mores, motives, etc.)   [   ]
d. to stimulate by or as if by an electric current; to rouse; stir   [   ]
e. to appraise; judge; estimate   [   ]
f. to advance or speed up   [   ]

あ galvanize
い fast-track
う internalize
え incur
お inflict
か gauge

●Exercises の答え
① 1. お   2. え   3. か   4. あ   5. う   6. い
② a. え   b. お   c. う   d. あ   e. か   f. い

167

単語を例文と共に学びましょう。音声を使ってリピート練習すると、よりよく覚えられます。英語の定義（イタリック部分）にも目を通しておきましょう。

157 intersperse [ìntərspə́:rs]

〜を点在させる、〜をばらまく、〜をまき散らす

to scatter here and there; place at intervals

例文 My report card had A's interspersed with B's.

（私の成績表には、Aにところどころ B が交ざっていた）

※類義語の scatter（〜をばらまく）も併せて覚えておきましょう。

---

158 liken [láikən]　　　　SVL11

〜を（…に）なぞらえる

to represent as similar or being like; compare

例文 Bill likens running a business to sailing on rough seas.（ビルは、事業経営を荒海での航海になぞらえる）

※liken A to B の形で「AをBになぞらえる」の意味を表します。

---

159 outdo [àutdú:]

〜を出し抜く、〜に勝る

to surpass in performance or execution

例文 This action movie outdoes all the others I've seen.（このアクション映画は、私がこれまで見た他のどれにも勝る）

※動詞・助動詞 do と同様に、outdo、outdoes、outdid、outdone のように活用します。

160 outweigh [àutwéi]　SVL10

〜を上回る

to exceed in importance, value, influence, etc.

例文 Our heating bills outweigh all our other bills.

（うちの暖房費は、他のあらゆる公共料金を上回る）

※weigh（重さがある）という動詞と「超える、上回る」の意味を持つ接頭辞out-が結び付いたものと考えるといいでしょう。

161 pluck [plʌ́k]　SVL7

〜を取り出す、〜を引き抜く

to grab or snatch; grasp

例文 I plucked the ring from the sink. （私は流しから指輪をつまみ出した）

162 poke [póuk]　SVL9

〜を突く、〜を押す、〜をつつく

to prod or push, especially with something narrow or pointed, as a finger or an elbow

例文 I poked Dan to see if he was sleeping. （眠っているのか確かめるためにダンをつついた）

ポール・コリアー（経済学者）のインタビューより

I don't see long-term stagnation, but I do see growth interspersed with deep crises.

私は長期的な不景気は予想していませんが、成長しながらも、時折、深刻な危機に見舞われると思います。

例文の復習です。日本語の意味になるよう、空欄を埋めましょう。埋められなかった場合には、前の見開きページに戻って確認しましょう（答えはこのページ下にあります）。

① 私の成績表には、AにところどころBが交ざっていた。

My report card had A's in＿＿＿＿＿＿ with B's.

② ビルは、事業経営を荒海での航海になぞらえる。

Bill li＿＿＿ running a business to sailing on rough seas.

③ このアクション映画は、私がこれまで見た他のどれにも勝る。

This action movie ou＿＿＿＿ all the others I've seen.

④ うちの暖房費は、他のあらゆる公共料金を上回る。

Our heating bills ou＿＿＿＿ all our other bills.

⑤ 私はシンクから指輪をつまみ出した。

I pl＿＿＿＿ the ring from the sink.

⑥ 眠っているのか確かめるためにダンをつついた。

I po＿＿ Dan to see if he was sleeping.

先ほどより例文が長くなります。ヒントも参考にしながら、日本語の意味になるよう空欄を埋めましょう（答えは次のページにあります）。

① 私の成績表にはいくつかのＡと、Ｂが2、3交ざり、Ｃは一つもないのが自慢だった。

I was proud that my report card h__ some A's _____ w____ a couple of B's – and no C's.

② 浮き沈みが激しいので、ビルは事業経営を荒海での航海になぞらえる。

With all its ups and downs, Bill _____ running a business ___ s_____ on rough seas.

「ＡをＢになぞらえる」と言うときどのような形を取るか、思い出しましょう。

③ この映画は、キャラクター展開の点で、私がこれまで見た他のどれにも勝る。

This movie _____ a__ the o_____ I've seen in terms of character development.

④ 長く、寒い冬の間、うちの暖房費は、他のあらゆる公共料金を上回る。

During the long, cold winter, our heating bills _____ all our o_____ b_____.

⑤ 私は、指輪が排水溝に流される前に、流しから指輪をつまみ出した。

I _____ the r____ f____ the s____ before it could get washed down the drain.

⑥ 眠っているのか、あるいは目を閉じて座っているだけかを確かめるためにダンをつついた。

I _____ Dan to s__ __ he was sleeping or just sitting there with his eyes closed.

「確かめる」は、「見る、見極める」と考えましょう。

答え合わせをしましょう。さらに自分でも使えるよう、音声のあとについてリピートしてみましょう。

① 私の成績表にはいくつかのAと、Bが2、3交ざり、Cは一つもないのが自慢だった。

I was proud that my report card had some A's interspersed with a couple of B's – and no C's.

ここではa couple of A's that were interspersed with several B's のthat were が省略されていると考えると分かりやすいでしょう。

② 浮き沈みが激しいので、ビルは事業経営を荒海での航海になぞらえる。

With all its ups and downs, Bill likens running a business to sailing on rough seas.

③ この映画は、キャラクター展開の点で、私がこれまで見た他のどれにも勝る。

This movie outdoes all the others I've seen in terms of character development.

④ 長く、寒い冬の間、うちの暖房費は、他のあらゆる公共料金を上回る。

During the long, cold winter, our heating bills outweigh all our other bills.

⑤ 私は、指輪が排水溝に流される前に、シンクから指輪をつまみ出した。

I plucked the ring from the sink before it could get washed down the drain.

⑥ 眠っているのか、あるいは目を閉じて座っているだけかを確かめるためにダンをつついた。

I poked Dan to see if he was sleeping or just sitting there with his eyes closed.

①左の**1.〜6.**の単語に合う意味を右の**あ〜か**から選び、カッコに記入しましょう。問題の一部は前の課からの出題です(答えはこのページ下にあります)。

1. outweigh　[　　] 　**あ** 〜を被る、〜が科せられる

2. intersperse　[　　] 　**い** 〜を(…に)なぞらえる

3. liken　[　　] 　**う** 〜を上回る

4. inflict　[　　] 　**え** 〜(苦痛)を与える、〜(苦痛)を負わせる

5. internalize　[　　] 　**お** 〜を点在させる、〜をばらまく、〜をまき散らす

6. incur　[　　] 　**か** 〜を内面化させる、〜を吸収する、〜を習得する

②左の**a.〜f.**の英語の定義に合う単語を右の**あ〜か**から選び、カッコに記入しましょう。問題の一部は前の課からの出題です(答えはこのページ下にあります)。

a. to surpass in performance or execution　[　　] 　**あ** harness

b. to prod or push, especially with something narrow or pointed, as a finger or an elbow　[　　] 　**い** ingrain

　　　　　　　　　　　　　　　　　　　　　　　　　　　　う pluck

c. to grab or snatch; grasp　[　　] 　**え** outdo

d. to urge on, provoke or incite to some action or course　[　　] 　**お** instigate

　　　　　　　　　　　　　　　　　　　　　　　　　　　　か poke

e. to implant or fix firmly and deeply, as in the mind or nature　[　　]

f. to bring under conditions for effective use; to control for a particular end　[　　]

単語を例文と共に学びましょう。音声を使ってリピート練習すると、よりよく覚えられます。英語の定義(イタリック部分)にも目を通しておきましょう。

---

163 **polarize** [póuləràiz]　　　SVL12

〜を(2つに)対立させる、〜を両極化する、〜を正反対にする

to divide into two sharply opposing factions, political groups, etc.

例文 Opinions about the new airport are polarized.
(新しい空港についての意見は、2つに分かれて対立している)

※形容詞形polar(極[地]の、極地に生息する)もよく用いられるので、併せて覚えておきましょう。

---

164 **quarantine** [kwɔ́:rəntìːn]　　　SVL12

〜を隔離する、〜を検疫する

to detain or isolate for social or hygienic reasons

例文 The doctor quarantined the sick patients. (その医者は、病気の患者たちを隔離した)

※「隔離、検疫」の意味の名詞としてもよく使われます。

---

165 **reclaim** [rikléim]　　　SVL10

〜を取り戻す、〜を回復する

to retrieve (something taken away or lost); get back into one's possession

例文 He tries to reclaim his youth. (彼は若いころの自分を取り戻そうとしている)

166 relinquish [rilíŋkwiʃ] SVL11

〜（地位、権力など）を放棄する、〜を譲る

to renounce or surrender (a right, possession, etc.)

例文 I relinquished the key to my car. （私は自分の車の
キーを譲った）

167 relish [réliʃ] SVL8

〜を味わう、〜を楽しむ

to enjoy; take pleasure in; like

例文 Barbara and her friends relish gossiping about
celebrities. （バーバラと友人たちは、セレブのうわさ話を楽しむ）

※「楽しみ、興味」の意味の名詞としてもよく用いられます。

168 relive [rì:lív]

〜を追体験する

to remember clearly an experience from the past

例文 We spent some time reliving the old days. （私
たちは、しばし昔を懐かしんだ）

**ビル・ゲイツ（実業家、マイクロソフト社共同創業者兼元会長兼顧問）の
インタビューより**

We have a variety of things that may have led to the current polarized
situation.

現在の二極化した状況を招いたであろう要因には、さまざまなものがあります。

例文の復習です。日本語の意味になるよう、空欄を埋めましょう。埋められなかった場合には、前の見開きページに戻って確認しましょう（答えはこのページ下にあります）。

① 新しい空港についての意見は、2つに分かれて対立している。

Opinions about the new airport are po_____.

② その医者は、病気の患者たちを隔離した。

The doctor qu_____ the sick patients.

③ 彼は若いころの自分を取り戻そうとしている。

He tries to re_____ his youth.

④ 私は自分の車のキーを譲った。

I re_____ the key to my car.

⑤ バーバラと友人たちは、セレブのうわさ話を楽しむ。

Barbara and her friends re_____ gossiping about celebrities.

⑥ 私たちは、しばし昔を懐かしんだ。

We spent some time re_____ the old days.

先ほどより例文が長くなります。ヒントも参考にしながら、日本語の意味になるよう空欄を埋めましょう（答えは次のページにあります）。

① 新しい国際空港についての意見は、地元のコミュニティーで2つに分かれて対立している。

O＿＿＿＿＿ about the new international airport are ＿＿＿＿＿ in the local community.

ここでは「～を両極化する」という意味の動詞を受動態で表現してみましょう。

② その医者は、病気の患者たちを全員隔離したが、疾病は拡大を続けた。

The doctor ＿＿＿＿＿ all the sick p＿＿＿＿, but the disease kept spreading.

③ 彼は余暇にクラシックカーを修理することで、若いころの自分を取り戻そうとしている。

He tries to ＿＿＿＿ his y＿＿＿ by fixing up classic cars in his spare time.

「若いころの自分」は、「自分の若さ」と考えましょう。

④ 娘が安全運転を約束したので、私は自分の車のキーを譲った。

After my daughter promised to drive safely, I ＿＿＿＿＿ the k＿＿ to my car.

⑤ バーバラと友人たちは、セレブのうわさ話を楽しむが、私には退屈だ。

Barbara and her friends ＿＿＿＿ g＿＿＿＿ about celebrities, but I find it very boring.

「～を楽しむ」という意味の動詞の語法に注意しましょう。

⑥ 私たちは家族のアルバムを一緒に見ながら、しばし昔を懐かしんだ。

We spent some time ＿＿＿＿ the o＿ d＿＿ as we went through our family photo albums together.

答え合わせをしましょう。さらに自分でも使えるよう、音声のあとについてリピートしてみましょう。

① 新しい国際空港についての意見は、地元のコミュニティーで2つに分かれて対立している。

Opinions about the new international airport are polarized in the local community.

② その医者は、病気の患者たちを全員隔離したが、疾病は拡大を続けた。

The doctor quarantined all the sick patients, but the disease kept spreading.

③ 彼は余暇にクラシックカーを修理することで、若いころの自分を取り戻そうとしている。

He tries to reclaim his youth by fixing up classic cars in his spare time.

④ 娘が安全運転を約束したので、私は自分の車のキーを譲った。

After my daughter promised to drive safely, I relinquished the key to my car.

⑤ バーバラと友人たちは、セレブのうわさ話を楽しむが、私には退屈だ。

Barbara and her friends relish gossiping about celebrities, but I find it very boring.

relish は目的語に動名詞を取りますが、to不定詞は取りません。この語法は類義語の enjoy（～を楽しむ）と共通しています。

⑥ 私たちは家族のアルバムを一緒に見ながら、しばし昔を懐かしんだ。

We spent some time reliving the old days as we went through our family photo albums together.

①左の1.〜6.の単語に合う意味を右の**あ〜か**から選び、カッコに記入しましょう。問題の一部は前の課からの出題です（答えはこのページ下にありす）。

1. reclaim   [   ]   **あ** 〜を取り出す、〜を引き抜く

2. quarantine   [   ]   **い** 〜を出し抜く、〜に勝る

3. relish   [   ]   **う** 〜を味わう、〜を楽しむ

4. pluck   [   ]   **え** 〜を突く、〜を押す、〜をつつく

5. outdo   [   ]   **お** 〜を隔離する、〜を検疫する

6. poke   [   ]   **か** 〜を取り戻す、〜を回復する

②左の**a.**〜**f.**の英語の定義に合う単語を右の**あ〜か**から選び、カッコに記入しましょう。問題の一部は前の課からの出題です（答えはこのページ下にあります）。

a. to renounce or surrender (a right, possession, etc.)   [   ]   **あ** liken

b. to divide into two sharply opposing factions, political groups, etc.   [   ]   **い** intersperse

    う outweigh

c. to remember clearly an experience from the past   [   ]   **え** relive

    お relinquish

d. to scatter here and there; place at intervals   [   ]   **か** polarize

e. to represent as similar or being like; compare   [   ]

f. to exceed in importance, value, influence, etc.   [   ]

● Exercises の答え
① 1. か   2. お   3. う   4. あ   5. い   6. え
② a. お   b. か   c. え   d. い   e. あ   f. う

057

単語を例文と共に学びましょう。音声を使ってリピート練習すると、よりよく覚えられます。英語の定義（イタリック部分）にも目を通しておきましょう。

---

169 **repel** [ripél]　　SVL8

〜を寄せ付けない、〜を遠ざける、〜を退ける、〜を不快にする

to cause dislike, distaste or aversion

例文 I was repelled by the smell. （私はその臭いに不快になった）

※「〜を不快にする」の意味では、例文のように受動態でよく用いられます。

---

170 **replicate** [réplikèit]　　SVL11

〜を再現する、〜を反復する

to repeat, reproduce or copy, especially for experimental purposes

例文 We shouldn't just replicate the success of others. （私たちは単に他人の成功例をまねるべきではない）

---

171 **repress** [riprés]　　SVL9

〜を抑圧する

to control something or someone by force

例文 The government can't easily repress news reports. （政府は、報道を簡単には抑圧できない）

※名詞形 repression（抑圧、弾圧）もよく用いられるので、併せて覚えましょう。

172 seduce [sidʒúːs]　SVL9

〜をそそのかす、〜を誘惑する

to entice; win over; attract

例文 Wendy was never seduced by money or fame.
（ウェンディーは決して金や名声に誘惑されることはなかった）

※名詞形 seduction（誘惑）もよく使われます。

173 showcase [ʃóukèis]　SVL10

〜を（特に目立つように）展示する

to exhibit or display to good advantage

例文 This magazine article showcases new medical advances.（この雑誌の記事では、医学における新しい進歩を紹介している）

※「陳列棚」の意味の名詞としても使われます。

174 slash [slǽʃ]　SVL8

〜を（予算など）を大幅に削減する

to drastically reduce an amount

例文 You can slash your insurance costs by hundreds of dollars.（保険料を数百ドル削減することができる）

※「斜線、（記号の）スラッシュ」の意味の名詞としても使われます。

ウィリアム・ヒューレット（ヒューレット・パッカード社共同創業者）のインタビューより
[1960年代のシリコンバレーブームについて聞かれて] I think you had the same thing replicated that you had at companies that had some very good people.
同じことが、非常に優秀な人材のいる会社で何度も繰り返されたということだと思います。

例文の復習です。日本語の意味になるよう、空欄を埋めましょう。埋められなかった場合には、前の見開きページに戻って確認しましょう(答えはこのページ下にあります)。

① 私はその臭いに不快になった。

I was re_____ by the smell.

② 私たちは単に他人の成功例をまねるべきではない。

We shouldn't just re_____ the success of others.

③ 政府は、報道を簡単には抑圧できない。

The government can't easily re_____ news reports.

④ ウェンディーは決して金や名声に誘惑されることはなかった。

Wendy was never se_____ by money or fame.

⑤ この雑誌の記事では、医学における新しい進歩を紹介している。

This magazine article sh_____ new medical advances.

⑥ 保険料を数百ドル削減することができる。

You can sl____ your insurance costs by hundreds of dollars.

●Review の答え
① repelled　② replicate　③ repress　④ seduced　⑤ showcases
⑥ slash

先ほどより例文が長くなります。ヒントも参考にしながら、日本語の意味になるよう空欄を埋めましょう（答えは次のページにあります）。

① ごみ箱を開けたとたん、その臭いに不快になった。

I opened the trash can and was instantly _____ __ the s_____.

「不快になった」の部分を受動態で表現してみましょう。

② 私たちは単に他人の成功例をまねるのではなく、自分たちのアイデアを生み出すべきだ。

We shouldn't just _____ the s_____ of o_____ but should come up with our own ideas.

「成功例をまねる」は、「成功を再現する」と考えましょう。

③ わが国のような自由主義国家では、政府は、報道を簡単には抑圧できない。

In a free country such as ours, the government can't easily _____ n____ r_____.

④ ウェンディーは決して金や名声に誘惑されることなく、簡素で幸せな一生を過ごした。

Wendy was n_____ _____ by m_____ or f___ but lived a very simple and happy life.

⑤ この雑誌の記事では、医学における刺激的なあらゆる新しい進歩を紹介し、その影響について論じている。

This magazine article _____ all the exciting new m_____ a_____ and discusses their implications.

「進歩を紹介する」は、「進歩を並べて陳列する」と考えましょう。

⑥ 見積もりを比較すれば、保険料を年間数百ドル削減することができる。

You can _____ your i_____ c_____ by hundreds of dollars a year by comparing quotes.

答え合わせをしましょう。さらに自分でも使えるよう、音声のあとについてリピートしてみましょう。

① ごみ箱を開けたとたん、その臭いに不快になった。

I opened the trash can and was instantly repelled by the smell.

② 私たちは単に他人の成功例をまねるのではなく、自分たちのアイデアを生み出すべきだ。

We shouldn't just replicate the success of others but should come up with our own ideas.

後半の come up with ～は、「～を思いつく、～を考え出す」の意味です。

③ わが国のような自由主義国家では、政府は、報道を簡単には抑圧できない。

In a free country such as ours, the government can't easily repress news reports.

④ ウェンディーは決して金や名声に誘惑されることなく、簡素で幸せな一生を過ごした。

Wendy was never seduced by money or fame but lived a very simple and happy life.

⑤ この雑誌の記事では、医学における刺激的なあらゆる新しい進歩を紹介し、その影響について論じている。

This magazine article showcases all the exciting new medical advances and discusses their implications.

⑥ 見積もりを比較すれば、保険料を年間数百ドル削減することができる。

You can slash your insurance costs by hundreds of dollars a year by comparing quotes.

cut costs とも言えますが、slash を使うと削減幅の大きさが伝わります。

①左の**1.**～**6.**の単語に合う意味を右の**あ～か**から選び、カッコに記入しましょう。問題の一部は前の課からの出題です（答えはこのページ下にあります）。

1. replicate　　　[　　]

2. repel　　　　[　　]

3. showcase　　　[　　]

4. relinquish　　[　　]

5. polarize　　　[　　]

6. relive　　　　[　　]

あ ～を（2つに）対立させる、～を両極化する、～を正反対にする

い ～（地位、権力など）を放棄する、～を譲る

う ～を寄せ付けない、～を遠ざける、～を退ける、～を不快にする

え ～を追体験する

お ～を（特に目立つように）展示する

か ～を再現する、～を反復する

②左の**a.**～**f.**の英語の定義に合う単語を右の**あ～か**から選び、カッコに記入しましょう。問題の一部は前の課からの出題です（答えはこのページ下にあります）。

a. to drastically reduce an amount　　　[　　]

b. to control something or someone by force　　　[　　]

c. to entice; win over; attract　　　[　　]

d. to detain or isolate for social or hygienic reasons　　　[　　]

e. to retrieve (something taken away or lost); get back into one's possession　　　[　　]

f. to enjoy; take pleasure in; like　　　[　　]

あ repress

い relish

う slash

え quarantine

お reclaim

か seduce

059

単語を例文と共に学びましょう。音声を使ってリピート練習すると、よりよく覚えられます。英語の定義（イタリック部分）にも目を通しておきましょう。

---

175 **smack** [smǽk]　　SVL8

〜をバシッとたたく、〜を強打する

to slap or strike sharply, especially with the hand or any flat object

例文 After hanging it up, she smacked the carpet.
（干したあとで、彼女はじゅうたんをたたいた）

※類義語のbeatもよく用いられます。

---

176 **tailor** [téilər]　　SVL3

〜を（目的や必要に合わせて）つくる、合わせる、調整する

to fashion, alter or adapt to meet a particular taste, purpose, need, etc.

例文 She tailored the tour for us. （彼女は私たちのためにツアーをあつらえてくれた）

※名詞として「（洋服の）仕立屋」の意味でも用いられる語で、この語義が動詞の意味に発展したと考えると分かりやすいでしょう。

---

177 **undercut** [ʌ̀ndərkʌ́t]　　SVL10

〜（[〜の]価値）を低下させる、〜（[〜の]効果）をなくす

to weaken the position of; lessen the impact of

例文 A cheap roof can undercut the value of a home. （安物の屋根は、家の価値を下げることがある）

186

178 undermine [ʌ̀ndərmáin]　SVL9

〜（名声など）を傷つける、〜（名声など）を台無しにする

to weaken or lessen the effectiveness or power of, especially gradually or insidiously

例文 An unstable banking system undermines investment.（不安定な銀行システムは投資を弱体化させる）

179 unveil [ʌ̀nvéil]　SVL9

〜を初公開する、〜を発表する

to disclose or reveal by or as if by removing a veil or covering

例文 An exciting new vehicle is to be unveiled.（わくわくするような新しい車が発表される予定だ）

※「veil（ベール、幕）をはぐ」というところから、この意味が出たと考えると分かりやすいでしょう。

180 uphold [ʌ̀phóuld]　SVL7

〜（基準）を守る

to give support to

例文 I try to uphold my company's good image.（私はわが社のいいイメージを維持するよう、努めている）

例文の復習です。日本語の意味になるよう、空欄を埋めましょう。埋められなかった場合には、前の見開きページに戻って確認しましょう（答えはこのページ下にあります）。

① 干したあとで、彼女はじゅうたんをたたいた。

After hanging it up, she sm_____ the carpet.

② 彼女は私たちのためにツアーをあつらえてくれた。

She _____ the tour for us.

③ 安物の屋根は、家の価値を下げることがある。

A cheap roof can un_____ the value of a home.

④ 不安定な銀行システムは投資を弱体化させる。

An unstable banking system un_____ investment.

⑤ わくわくするような新しい車が発表される予定だ。

An exciting new vehicle is to be un_____.

⑥ 私はわが社のいいイメージを維持するよう、努めている。

I try to up_____ my company's good image.

先ほどより例文が長くなります。ヒントも参考にしながら、日本語の意味になるよう空欄を埋めましょう（答えは次のページにあります）。

① 干したあとで、彼女はじゅうたんを強くたたいてほこりを全部出した。

After hanging it up, she _____ the c_____ hard to get all the dust off it.

② 私たちが歴史に興味があることを知って、彼女は私たちのためにツアーをあつらえてくれた。

Knowing our interest in history, she _____ the t____ f__ us.

③ 安物の屋根が、家の価値を著しく下げる場合があることに気づかない家主もいる。

Some house owners don't realize that a cheap roof can seriously _____ the v_____ of a home.

④ 不安定な銀行システムは投資を弱体化させ、経済全体の信頼性を損なう。

An u_____ banking system _____ i_____ and overall confidence in the economy.

「投資を弱体化させる」は、「投資を台無しにする」と考えましょう。

⑤ 今年のオート・ショーで、わくわくするような新しい水素燃料電池車が発表される予定だ。

An exciting new hydrogen fuel cell v_____ is to __ _____ at this year's Auto Show.

「発表される予定だ」は、to不定詞と受動態を組み合わせて表現しましょう。

⑥ 私は、常に顧客情報を保護しているというわが社のいいイメージを維持するよう、努めている。

I try to _____ my company's g____ i_____ of always safeguarding our clients' information.

答え合わせをしましょう。さらに自分でも使えるよう、音声のあとについてリピートしてみましょう。

① 干したあとで、彼女はじゅうたんを強くたたいてほこりを全部出した。

After hanging it up, she smacked the carpet hard to get all the dust off it.

② 私たちが歴史に興味があることを知って、彼女は私たちのためにツアーをあつらえてくれた。

Knowing our interest in history, she tailored the tour for us.

tailor A for [to] B の形で「AをB向けにあつらえる」という意味を表します。

③ 安物の屋根が、家の価値を著しく下げる場合があることに気づかない家主もいる。

Some house owners don't realize that a cheap roof can seriously undercut the value of a home.

④ 不安定な銀行システムは投資を弱体化させ、経済全体の信頼性を損なう。

An unstable banking system undermines investment and overall confidence in the economy.

⑤ 今年のオート・ショーで、わくわくするような新しい水素燃料電池車が発表される予定だ。

An exciting new hydrogen fuel cell vehicle is to be unveiled at this year's Auto Show.

be to do は「〜する予定だ」の意味を表します。

⑥ 私は、常に顧客情報を保護しているというわが社のいいイメージを維持するよう、努めている。

I try to uphold my company's good image of always safeguarding our clients' information.

①左の**1.**～**6.**の単語に合う意味を右の**あ**～**か**から選び、カッコに記入しましょう。問題の一部は前の課からの出題です（答えはこのページ下にあります）。

1. unveil   [   ]   **あ** ～をそそのかす、～を誘惑する

2. uphold   [   ]   **い** ～（予算など）を大幅に削減する

3. smack   [   ]   **う** ～を抑圧する

4. slash   [   ]   **え** ～（基準）を守る

5. seduce   [   ]   **お** ～を初公開する、～を発表する

6. repress   [   ]   **か** ～をバシッとたたく、～を強打する

②左の**a.**～**f.**の英語の定義に合う単語を右の**あ**～**か**から選び、カッコに記入しましょう。問題の一部は前の課からの出題です（答えはこのページ下にあります）。

a. to fashion, alter or adapt to meet a particular taste, purpose, need, etc.   [   ]

b. to weaken the position of; lessen the impact of   [   ]

c. to repeat, reproduce or copy, especially for experimental purposes   [   ]

d. to exhibit or display to good advantage   [   ]

e. to cause dislike, distaste or aversion   [   ]

f. to weaken or lessen the effectiveness or power of, especially gradually or insidiously   [   ]

あ undercut
い showcase
う undermine
え repel
お replicate
か tailor

● Exercises の答え
① 1. お   2. え   3. か   4. い   5. あ   6. う
② a. か   b. あ   c. お   d. い   e. え   f. う

Chapter 3

・

英語らしい英語を
話すための重要品詞❷

自動詞

195 squeal

こんな
単語を
学びます

191 persevere: 辛抱する、あきらめずにやり通す

After 20-some-odd rejections from publishers, I continued to
persevere.

20余りの出版社に断られても、私はあきらめずに突き進みました。

アーミッシュ・トリパーティー（作家・外交官）のインタビューより

単語を例文と共に学びましょう。音声を使ってリピート練習すると、よりよく覚えられます。英語の定義（イタリック部分）にも目を通しておきましょう。

---

181 **banter** [bǽntər]　　　　SVL11

ふざける、冗談を言い合う

to exchange light, playful, teasing remarks

例文 Sam was bantering with his buddies. （サムは友だちとふざけ合っていた）

※ banter with ～（～とふざけ合う）の形で、よく用いられます。

---

182 **billow** [bílou]　　　　SVL12

（帆などが）膨らむ、（煙や雲などが）もくもくと立ち上る

to swell out, surge, etc., as by the action of wind

例文 The wind made my shirt billow out. （風でシャツが膨らんだ）

---

183 **deform** [difɔ́ːrm]　　　　SVL9

変形する、ゆがむ

to impair the form of

例文 Poor quality tires deform at high speeds. （低品質のタイヤは高速走行時に変形する）

※ at high speedsとは「高速で走っているときに」という意味です。

184 disintegrate [disíntəgrèit] `SVL10`

崩壊する、分解する

to separate into parts or lose intactness or solidness; break up; disunite

例文 His empire disintegrated into smaller states.
（彼の帝国は小国に分裂した）

※integrate（統合する）に否定、あるいは「離れて」の意味を持つ接頭辞dis-が結び付いてできた語と理解するといいでしょう。

185 duel [djúːəl] `SVL11`

決闘する、対決する

to compete against someone in a fight or competition

例文 They have been dueling over their children.
（彼らは子どもたちをめぐって対決している）

※du-/duo- は「2」の意味を持っています。

186 feud [fjúːd] `SVL11`

反目する、争う

to have a fight or quarrel with someone

例文 The fans of the two teams have a history of feuding.（その2つのチームのファンたちには、対立の歴史がある）

ビンセント・スタンリー（パタゴニア社元副社長）のインタビューより

All of the pitons sold in the U.S. were made of very soft iron that would deform after a couple of uses and they couldn't be used again.

アメリカで売られていたピトン[ハーケン]は、非常に軟らかい鉄でできていて、2、3回使うとゆがんでしまい、使えなくなりました。

例文の復習です。日本語の意味になるよう、空欄を埋めましょう。埋められなかった場合には、前の見開きページに戻って確認しましょう（答えはこのページ下にあります）。

① サムは友だちとふざけ合っていた。

Sam was ba＿＿＿＿＿ with his buddies.

② 風でシャツが膨らんだ。

The wind made my shirt bi＿＿＿ out.

③ 低品質のタイヤは高速走行時に変形する。

Poor quality tires de＿＿＿ at high speeds.

④ 彼の帝国は小国に分裂した。

His empire di＿＿＿＿＿＿ into smaller states.

⑤ 彼らは子どもたちをめぐって対決している。

They have been du＿＿＿＿ over their children.

⑥ その2つのチームのファンたちには、対立の歴史がある。

The fans of the two teams have a history of fe＿＿＿＿.

先ほどより例文が長くなります。ヒントも参考にしながら、日本語の意味になるよう空欄を埋めましょう（答えは次のページにあります）。

① サムはバーで数杯のビールを飲んで、友だちとふざけ合っていた。

Sam was having a few beers in a bar and ＿＿＿＿＿＿ w＿＿＿ his buddies.

「〜とふざけ合う」を表すにはどんな形を使えばいいか思い出しましょう。

② 自転車で丘を下っていると、風でシャツが膨らんだ。

The wind m＿＿ my shirt ＿＿＿＿＿ o＿＿ as I rode my bicycle down the hill.

「膨らむ」ことを強調する副詞が何かを考えてみましょう。

③ 安いタイヤに交換してはいけない。低品質のタイヤは高速走行時に変形するからだ。

Don't replace your tires with cheap ones because poor quality t＿＿＿ ＿＿＿＿＿ at high s＿＿＿＿.

④ 王が亡くなったあと、彼の帝国はいくつかの小国に分裂した。

After the king's death, his e＿＿＿＿ ＿＿＿＿＿＿＿＿＿ i＿＿＿ a number of smaller states.

「分裂した」結果を導く前置詞が何か考えましょう。

⑤ 彼らは子どもたちの親権の獲得をめぐって対決している。

They have been ＿＿＿＿＿＿ o＿＿＿ obtaining custody of their children.

⑥ その2つの野球チームのファンたちには、いつも互いに対立し合ってきたという長い歴史がある。

The f＿＿＿ of the two baseball teams have a long history of always ＿＿＿＿＿＿ w＿＿＿ each other.

答え合わせをしましょう。さらに自分でも使えるよう、音声のあとについてリピートしてみましょう。

① サムはバーで数杯のビールを飲んで、友だちとふざけ合っていた。

Sam was having a few beers in a bar and bantering with his buddies.

② 自転車で丘を下っていると、風でシャツが膨らんだ。

The wind made my shirt billow out as I rode my bicycle down the hill.

billow out で、「外側へ向かって膨らむ」と意味が強調されます。

③ 安いタイヤに交換してはいけない。低品質のタイヤは高速走行時に変形するからだ。

Don't replace your tires with cheap ones because poor quality tires deform at high speeds.

④ 王が亡くなったあと、彼の帝国はいくつかの小国に分裂した。

After the king's death, his empire disintegrated into a number of smaller states.

disintegrate のあとには前置詞 into が使われます。

⑤ 彼らは子どもたちの親権の獲得をめぐって対決している。

They have been dueling over obtaining custody of their children.

⑥ その2つの野球チームのファンたちには、いつも互いに対立し合ってきたという長い歴史がある。

The fans of the two baseball teams have a long history of always feuding with each other.

198

①左の**1.**〜**6.**の単語に合う意味を右の**あ〜か**から選び、カッコに記入しましょう(答えはこのページ下にあります)。

1. billow   [   ]   **あ** ふざける、冗談を言い合う

2. duel   [   ]   **い** 変形する、ゆがむ

3. deform   [   ]   **う** 反目する、争う

4. disintegrate   [   ]   **え** 決闘する、対決する

5. banter   [   ]   **お** 崩壊する、分解する

6. feud   [   ]   **か** (帆などが)膨らむ、(煙や雲などが)もくもくと立ち上る

②左の**a.**〜**f.**の英語の定義に合う単語を右の**あ〜か**から選び、カッコに記入しましょう(答えはこのページ下にあります)。

a. to impair the form of   [   ]   **あ** feud

b. to exchange light, playful, teasing remarks   [   ]   **い** banter

c. to separate into parts or lose intactness or solidness; break up; disunite   [   ]   **う** duel

     え billow

d. to have a fight or quarrel with someone   [   ]   **お** deform

e. to compete against someone in a fight or competition   [   ]   **か** disintegrate

f. to swell out, surge, etc., as by the action of wind   [   ]

● Exercises の答え
① 1. か   2. え   3. い   4. お   5. あ   6. う
② a. お   b. い   c. か   d. あ   e. う   f. え

199

単語を例文と共に学びましょう。音声を使ってリピート練習すると、よりよく覚えられます。英語の定義（イタリック部分）にも目を通しておきましょう。

---

187 **hobble** [hábl]

足を引きずって歩く

limp; to walk lamely

例文 I hobbled back to the car.（私は足をひきずりながら車に戻った）

---

188 **huddle** [hʌ́dl]　　　　　　　SVL10

集まって協議する、群がる

to gather or crowd close together

例文 We huddled together to talk about our goals.
（私たちは目標について集まって協議した）

---

189 **meddle** [médl]　　　　　　　SVL8

干渉する

to involve oneself in others' affairs; interfere officiously and unwantedly

例文 I don't want to meddle in your business.（あなたのことに干渉したくはない）

※「〜に干渉する」の意味でmeddleのあとに例文のようにin、またはwithが来ることもあります。

190 nip [níp]　　　SVL9

(外に)ひとっ走り出かける

[chiefly British informal] to move quickly or stealthily

例文 I nipped into the convenience store. (私はコンビニにひとっ走りした)

※nipがこの意味で用いられるのは、基本的にイギリス用法です。

191 persevere [pə̀:rsəvíər]　　　SVL9

辛抱する、あきらめずにやり通す

to persist in anything undertaken in spite of difficulty

例文 Persevere in your job and you'll advance. (仕事をあきらめずにやり通せば、あなたは昇進するでしょう)

※名詞形perseverance(我慢強さ、頑張り)も併せて覚えておきましょう。

192 preexist [prì:igzíst]

先在する、前から存在する

to exist beforehand or previously

例文 Levels should be checked regularly when diabetes preexists. (糖尿病が持病である場合、定期的に数値を検査するべきだ)

コリン・ジョイス(ジャーナリスト)のインタビューより

I had a small injury when I was playing football. I pulled a muscle in my leg, and it made it difficult for me to walk properly. I could walk, but I hobbled very badly.

サッカーをしていて、ちょっとけがを負ったのです。脚の肉離れを起こして、きちんと歩けなくなりました。歩けましたが、足をひどく引きずりながらでした。

例文の復習です。日本語の意味になるよう、空欄を埋めましょう。埋められなかった場合には、前の見開きページに戻って確認しましょう（答えはこのページ下にあります）。

① 私は足をひきずりながら車に戻った。

I ho_____ back to the car.

② 私たちは目標について集まって協議した。

We hu_____ together to talk about our goals.

③ あなたのことに干渉したくはない。

I don't want to me_____ in your business.

④ 私はコンビニにひとっ走りした。

I ni_____ into the convenience store.

⑤ 仕事をあきらめずにやり通せば、あなたは昇進するでしょう。

Pe_____ in your job and you'll advance.

⑥ 糖尿病が持病である場合、定期的に数値を検査するべきだ。

Levels should be checked regularly when diabetes pr_____.

先ほどより例文が長くなります。ヒントも参考にしながら、日本語の意味になるよう空欄を埋めましょう(答えは次のページにあります)。

① 私はハイキング中に足を痛めてしまい、足を引きずりながら車に戻った。

I hurt my foot while hiking and had to ＿＿＿＿ b＿＿ to the car.

「戻った」の部分を表す副詞が何か考えてみましょう。

② 私たちは本会議に出る前に、目標について集まって協議した。

We ＿＿＿＿ t＿＿＿＿ to t＿＿ about our goals before attending the main meeting.

③ アドバイスはできるけれど、あなたのことにあまり干渉したくはない。

I can offer you some advice, but I really don't want to ＿＿＿＿ in y＿＿ b＿＿＿＿.

④ 私は牛乳1パックを買うために、コンビニにひとっ走りした。

I ＿＿＿＿ i＿＿ the convenience store to pick up a carton of milk.

ここでは「ひとっ走りした」先が店で、その店内で買い物をしたという流れを念頭に、動詞に続く前置詞を考えてみましょう。

⑤ 仕事をあきらめずにやり通せば、あなたはいつか社長の地位まで昇進するでしょう。

＿＿＿＿＿＿ ＿＿ your j＿＿ and someday you'll advance to the position of company president.

⑥ 特に糖尿病が持病である場合、定期的に血糖値を検査するべきだ。

Blood sugar levels should be checked regularly especially when d＿＿＿＿ ＿＿＿＿＿.

答え合わせをしましょう。さらに自分でも使えるよう、音声のあとについてリピートしてみましょう。

① 私はハイキング中に足を痛めてしまい、足を引きずりながら車に戻った。

I hurt my foot while hiking and had to hobble back to the car.

② 私たちは本会議に出る前に、目標について集まって協議した。

We huddled together to talk about our goals before attending the main meeting.

huddle自体に「共に」というニュアンスが含まれますが、このように副詞together が添えられることが少なくありません。

③ アドバイスはできるけれど、あなたのことにあまり干渉したくはない。

I can offer you some advice, but I really don't want to meddle in your business.

inの代わりにwithを使うこともできます。

④ 私は牛乳1パックを買うために、コンビニにひとっ走りした。

I nipped into the convenience store to pick up a carton of milk.

⑤ 仕事をあきらめずにやり通せ、あなたはいつか社長の地位まで昇進するでしょう。

Persevere in your job and someday you'll advance to the position of company president.

⑥ 特に糖尿病が持病である場合、定期的に血糖値を検査するべきだ。

Blood sugar levels should be checked regularly especially when diabetes preexists.

204

①左の**1.**～**6.**の単語に合う意味を右の**あ～か**から選び、カッコに記入しましょう。問題の一部は前の課からの出題です(答えはこのページ下にあります)。

1. meddle   [   ]   **あ** (外に)ひとっ走り出かける

2. hobble   [   ]   **い** 干渉する

3. nip   [   ]   **う** ふざける、冗談を言い合う

4. disintegrate   [   ]   **え** (帆などが)膨らむ、(煙や雲などが)もくもくと立ち上る

5. banter   [   ]

6. billow   [   ]   **お** 足を引きずって歩く

                      か 崩壊する、分解する

②左の**a.**～**f.**の英語の定義に合う単語を右の**あ～か**から選び、カッコに記入しましょう。問題の一部は前の課からの出題です(答えはこのページ下にあります)。

a. to exist beforehand or previously   [   ]   **あ** huddle

b. to gather or crowd close together   [   ]   **い** feud

c. to persist in anything undertaken in spite of difficulty   [   ]   **う** persevere

                      え preexist

d. to have a fight or quarrel with someone   [   ]   **お** duel

e. to compete against someone in a fight or competition   [   ]   **か** billow

f. to swell out, surge, etc., as by the action of wind   [   ]

● Exercises の答え
① 1. い   2. お   3. あ   4. か   5. う   6. え
② a. え   b. あ   c. う   d. い   e. お   f. か

205

単語を例文と共に学びましょう。音声を使ってリピート練習すると、よりよく覚えられます。英語の定義（イタリック部分）にも目を通しておきましょう。

---

193 **simmer** [símər]　　　**SVL10**

今にも沸騰しそうである、一触即発の状態にある、ちらちらと光る

to be about to break out, as in revolt or anger

例文 I could see the anger simmering in his eyes.

（彼の目に怒りが煮えたぎっているのが見えた）

※料理などが「煮える」、湯が「沸く」などの意味でもよく使われる動詞です。

---

194 **smolder** [smóuldər]　　　**SVL12**

くすぶる、（炎を出さずに）燃える

to smoke and burn without flame

例文 The coals in the barbecue will smolder for a while. （バーベキューの炭は、しばらくくすぶり続けるだろう）

---

195 **squeal** [skwíːl]　　　**SVL11**

甲高い声で叫ぶ、黄色い声を上げる

to utter or emit a long, shrill sound

例文 The hungry pigs all squealed. （空腹のブタはキーキー鳴いた）

※比喩的に、自動車などのブレーキが鋭く「キーと音を立てる」という意味で使われることもあります。

196 stagnate [stǽgneit]　SVL12

進歩が止まる、停滞する、活気がなくなる

to stop developing, moving, progressing, etc.

例文 Your skills will be sure to stagnate. （あなたのスキルは、きっと伸び悩むだろう）

※「景気停滞、不況」の意味の名詞形 stagnation も併せて覚えておきましょう。

197 subside [səbsáid]　SVL8

沈静化する、沈み込む

to sink to a low or lower level

例文 The floodwaters finally subsided. （洪水がようやく引いた）

※ sub- という接頭辞は「下」を表すことから、subside が「沈み込む」の意味を表すと考えると分かりやすいでしょう。

198 unfold [Ànfóuld]　SVL6

進展する、展開する

to be made known or told

例文 The play became more interesting as the story unfolded. （その劇は、話が展開するにつれて、より面白くなった）

※ fold（〜を折り畳む）に否定の接頭辞 un- が付いたと考えましょう。

例文の復習です。日本語の意味になるよう、空欄を埋めましょう。埋められなかった場合には、前の見開きページに戻って確認しましょう（答えはこのページ下にあります）。

① 彼の目に怒りが煮えたぎっているのが見えた。

I could see the anger si_____ in his eyes.

② バーベキューの炭は、しばらくくすぶり続けるだろう。

The coals in the barbecue will sm_____ for a while.

③ 空腹のブタはキーキー鳴いた。

The hungry pigs all sq_____.

④ あなたのスキルは、きっと伸び悩むだろう。

Your skills will be sure to st_____.

⑤ 洪水がようやく引いた。

The floodwaters finally su_____.

⑥ その劇は、話が展開するにつれて、より面白くなった。

The play became more interesting as the story un_____.

●Review の答え
① simmering　② smolder　③ squealed　④ stagnate　⑤ subsided
⑥ unfolded

先ほどより例文が長くなります。ヒントも参考にしながら、日本語の意味になるよう空欄を埋めましょう（答えは次のページにあります）。

① 彼が問題について話すうちに、彼の目に怒りが煮えたぎっているのが見えた。

As he explained his problem, I could see the anger _____ ___ his e____.

「彼の目に」は、「彼の目の中に」と考えましょう。

② バーベキューの炭は、灰色になる前にしばらくくすぶり続けるだろう。

The c_____ in the b_____ will _____ for a while before turning an ashy white.

③ 空腹のブタは、餌が来るのを見ると、皆、キーキー鳴いた。

The h_____ p____ all _____ when they saw their food coming.

④ スケートの練習を毎日しなければ、あなたのスキルは、きっと伸び悩むだろう。

If you don't practice skating every day, your s_____ will be s____ to _____.

「伸び悩む」は、「停滞する」と捉えるといいでしょう。

⑤ 洪水は、ようやく引いたが、うちの農場の大部分に損害を与えた。

The f_____ damaged a large part of our farm before they finally _____.

「（洪水が）引く」は、「（洪水が）沈静化する」と考えましょう。

⑥ その劇は、少しずつ話が展開するにつれて、観客にとってはより面白くなった。

The play became even more i_____ to the audience ___ the story _____ bit by bit.

答え合わせをしましょう。さらに自分でも使えるよう、音声のあとについてリピートしてみましょう。

① 彼が問題について話すうちに、彼の目に怒りが煮えたぎっているのが見えた。

As he explained his problem, I could see the anger simmering in his eyes.

② バーベキューの炭は、灰色になる前にしばらくくすぶり続けるだろう。

The coals in the barbecue will smolder for a while before turning an ashy white.

③ 空腹のブタは、餌が来るのを見ると、皆、キーキー鳴いた。

The hungry pigs all squealed when they saw their food coming.

All the hungry pigs squealed …と言い換えることもできます。

④ スケートの練習を毎日しなければ、あなたのスキルは、きっと伸び悩むだろう。

If you don't practice skating every day, your skills will be sure to stagnate.

⑤ 洪水は、ようやく引いたが、うちの農場の大部分に損害を与えた。

The floodwaters damaged a large part of our farm before they finally subsided.

⑥ その劇は、少しずつ話が展開するにつれて、観客にとってはより面白くなった。

The play became even more interesting to the audience as the story unfolded bit by bit.

この場合は、unfoldedの代わりにwentを用いることもできます。

①左の**1.**～**6.**の単語に合う意味を右の**あ～か**から選び、カッコに記入しましょう。問題の一部は前の課からの出題です（答えはこのページ下にあります）。

1. stagnate 　　[　　] 　　**あ** 先在する、前から存在する

2. simmer 　　　[　　] 　　**い** 進歩が止まる、停滞する、活気がなくなる

3. unfold 　　　　[　　] 　　**う** 集まって協議する、群がる

4. preexist 　　　[　　] 　　**え** 辛抱する、あきらめずにやり通す

5. persevere 　　[　　] 　　**お** 今にも沸騰しそうである、一触即発の状態

6. huddle 　　　　[　　] 　　　　　にある、ちらちらと光る

　　　　　　　　　　　　　　　　　か 進展する、展開する

②左の**a.**～**f.**の英語の定義に合う単語を右の**あ～か**から選び、カッコに記入しましょう。問題の一部は前の課からの出題です（答えはこのページ下にあります）。

a. to involve oneself in others' affairs; interfere 　[　　] 　　**あ** subside
officiously and unwantedly 　　　　　　　　　　　　　　　　**い** nip

b. limp; to walk lamely 　　　　　　　　　　　[　　] 　　**う** smolder

c. to smoke and burn without flame 　　　　[　　] 　　**え** hobble

d. to utter or emit a long, shrill sound 　　　[　　] 　　**お** squeal

e. to sink to a low or lower level 　　　　　　[　　] 　　**か** meddle

f. [chiefly British informal] to move quickly or 　[　　]
stealthily

Chapter 4

表現をもっとカラフルに するための品詞

形容詞・副詞

234 fruitless

（副詞はp.310-315のみの掲載です）

こんな
単語を
学びます

263 precarious: 当てにならない、不安定な

I think we haven't actually resolved the sources of the fragility of the global economy. I think the financial system is still quite **precarious**.

私たちは実際のところ、グローバル経済のもろさの原因を解決していないと思いますね。金融システムは依然として非常に不安定だと思います。

ポール・コリアー（経済学者）のインタビューより

単語を例文と共に学びましょう。音声を使ってリピート練習すると、よりよく覚えられます。英語の定義（イタリック部分）にも目を通しておきましょう。

199 **adept** [ədépt]

熟達した、精通した

very skilled; proficient; expert

例文 I'm not very adept at expressing my thoughts.
（自分の考えを表現するのはあまり得意ではない）

※ be adept at/in 〜の形で、「〜に熟達している」の意味を表します。

200 **agile** [ǽdʒəl]　　　SVL12

素早い、機敏な

able to move easily; lively; quick

例文 I do some simple exercises to stay agile. （機敏さを保つために、簡単な運動をしている）

201 **airtight** [ɛ́ərtàit]　　　SVL12

[比喩] 隙のない、完璧な

having no weaknesses or flaws that could be taken advantage of

例文 Jane's reasons for selling her company were airtight. （ジェーンが自社を売却する理由には、隙がなかった）

※「気密性の高い、密閉された」が元の意味だと覚えておきましょう。

202 alluring [əlúərɪŋ]　SVL11

魅惑的な

highly attractive or tempting

例文 Something about her was very alluring. （彼女は、どこかとても魅惑的だった）

※lure（〜を引き付ける、疑似餌・ルアー）と同語源の単語です。

203 ambiguous [æmbíɡjuəs]　SVL8

曖昧な

indefinite; unclear; vague

例文 Stop giving me such ambiguous answers. （そのような曖昧な返事をするのはやめてください）

※equivocal や vague といった類義語も併せて覚えておきましょう。

204 analytic [ænəlítik]　SVL8

分析的な

showing skill at reasoning

例文 Try to take an analytic view of the situation. （状況に対して分析的な見方を持つようにしなさい）

Review

例文の復習です。日本語の意味になるよう、空欄を埋めましょう。埋められなかった場合には、前の見開きページに戻って確認しましょう（答えはこのページ下にあります）。

① 自分の考えを表現するのはあまり得意ではない。

I'm not very ad＿＿ at expressing my thoughts.

② 機敏さを保つために、簡単な運動をしている。

I do some simple exercises to stay ag＿＿.

③ ジェーンが自社を売却する理由には、隙がなかった。

Jane's reasons for selling her company were ai＿＿＿＿.

④ 彼女は、どこかとても魅惑的だった。

Something about her was very al＿＿＿＿.

⑤ そのような曖昧な返事をするのはやめてください。

Stop giving me such am＿＿＿＿＿ answers.

⑥ 状況に対して分析的な見方を持つようにしなさい。

Try to take an an＿＿＿＿ view of the situation.

●Review の答え

① adept ② agile ③ airtight ④ alluring ⑤ ambiguous ⑥ analytic

先ほどより例文が長くなります。ヒントも参考にしながら、日本語の意味になるよう空欄を埋めましょう(答えは次のページにあります)。

① 自分の考えを表現するのはあまり得意ではないので、スピーチの授業は好きではなかった。

I'm not very _____ ___ e_____ my t_____, so I never liked speech classes.

「be動詞＋形容詞＋前置詞」の形で表現してみましょう。

② 主治医の勧めで、機敏さを保つために、簡単な運動をしている。

My doctor suggested that I do some simple e_____ every day to s____ _____.

③ ジェーンが自社を売却する理由には隙がなかったので、誰も彼女の決定に反対できなかった。

Jane's r_____ for selling her company w____ _____, so nobody could oppose her decision.

④ 彼女の目と私を見る様子は、どこかとても魅惑的だった。

S_____ about her eyes and the way she looked at me was very _____.

この「どこか」が名詞として文の主語になるよう表現を工夫してみましょう。

⑤ そのような曖昧な返事ではなく、イエスかノーで答えてください。

Please stop giving me such _____ a_____ and just tell me yes or no.

⑥ 失敗に際しては、落ち着いて、状況に対して分析的な見方を持つようにしなさい。

When experiencing a failure, remain calm and try to take an _____ v____ of the s_____.

217

答え合わせをしましょう。さらに自分でも使えるよう、音声のあとについてリピートしてみましょう。

① 自分の考えを表現するのはあまり得意ではないので、スピーチの授業は好きではなかった。

I'm not very adept at expressing my thoughts, so I never liked speech classes.

② 主治医の勧めで、機敏さを保つために、簡単な運動をしている。

My doctor suggested that I do some simple exercises every day to stay agile.

このように、形容詞の直前にbe動詞に代わる一般動詞come、go、make、stayなどを用いると、表現の幅が広がります。

③ ジェーンが自社を売却する理由には隙がなかったので、誰も彼女の決定に反対できなかった。

Jane's reasons for selling her company were airtight, so nobody could oppose her decision.

④ 彼女の目と私を見る様子は、どこかとても魅惑的だった。

Something about her eyes and the way she looked at me was very alluring.

⑤ そのような曖昧な返事ではなく、イエスかノーで答えてください。

Please stop giving me such ambiguous answers and just tell me yes or no.

⑥ 失敗に際しては、落ち着いて、状況に対して分析的な見方を持つようにしなさい。

When experiencing a failure, remain calm and try to take an analytic view of the situation.

①左の **1.** ～ **6.** の単語に合う意味を右の**あ～か**から選び、カッコに記入しましょう（答えはこのページ下にあります）。

1. alluring	[　　]	**あ** 分析的な
2. adept	[　　]	**い** （比喩）隙のない、完璧な
3. agile	[　　]	**う** 曖昧な
4. ambiguous	[　　]	**え** 魅惑的な
5. analytic	[　　]	**お** 熟達した、精通した
6. airtight	[　　]	**か** 素早い、機敏な

②左の **a.** ～ **f.** の英語の定義に合う単語を右の**あ～か**から選び、カッコに記入しましょう（答えはこのページ下にあります）。

a. having no weaknesses or flaws that could be taken advantage of	[　　]	**あ** alluring
		い ambiguous
b. indefinite; unclear; vague	[　　]	**う** agile
c. able to move easily; lively; quick	[　　]	**え** adept
d. very skilled; proficient; expert	[　　]	**お** analytic
e. showing skill at reasoning	[　　]	**か** airtight
f. highly attractive or tempting	[　　]	

単語を例文と共に学びましょう。音声を使ってリピート練習すると、よりよく覚えられます。英語の定義（イタリック部分）にも目を通しておきましょう。

205 ancestral [ænséstrəl]　　SVL8

先祖伝来の

descending or inherited from ancestors

例文 My ancestral home is in the south of Spain.

（私が先祖から受け継いだ家は、スペインの南にある）

※「先祖、祖先」の意味の名詞形ancestorも併せて覚えておきましょう。

206 apologetic [əpὰlədʒétik]　　SVL10

申し訳なさそうな、謝罪している

showing regret for a wrong

例文 The server was very apologetic.（給仕係はひどく申し訳なさそうだった）

※名詞形apology（謝罪）と動詞形apologize（謝罪する、謝る）も併せて覚えておきましょう。

207 appalling [əpɔ́ːliŋ]　　SVL10

ぎょっとするような、ひどい

bad in a way that causes shock or disgust

例文 My daughter's taste in clothes is appalling.（うちの娘の服のセンスはひどい）

208 archetypal [ɑ́ːrkitàipəl]

原型的な、手本の、典型的な

a perfect example of a certain type

例文 This painter is trying to defy archetypal beauty standards. （この画家は、典型的な美の基準を覆そうとしている）

※archetypal は限定用法の形容詞で、常に名詞の前で使われます。

209 belligerent [bəlídʒərənt]　SVL11

好戦的な、強硬な

aggressive; ready to fight

例文 People sometimes think Nancy is belligerent. （ナンシーはときどき、好戦的だと思われる）

210 benign [bináin]　SVL10

恵み深い、温和な

kind; gracious

例文 The chairperson kept a benign smile on his face. （会長は慈悲深い笑みを浮かべ続けていた）

※「（腫瘍などが）良性の」の意味もあります。

例文の復習です。日本語の意味になるよう、空欄を埋めましょう。埋められなかった場合には、前の見開きページに戻って確認しましょう（答えはこのページ下にあります）。

① 私が先祖から受け継いだ家は、スペインの南にある。

My an_____ home is in the south of Spain.

② 給仕係はひどく申し訳なさそうだった。

The server was very ap_____.

③ うちの娘の服のセンスはひどい。

My daughter's taste in clothes is ap_____.

④ この画家は、典型的な美の基準を覆そうとしている。

This painter is trying to defy ar_____ beauty standards.

⑤ ナンシーはときどき、好戦的だと思われる。

People sometimes think Nancy is be_____.

⑥ 会長は慈悲深い笑みを浮かべ続けていた。

The chairperson kept a be_____ smile on his face.

● Review の答え
① ancestral　② apologetic　③ appalling　④ archetypal　⑤ belligerent
⑥ benign

先ほどより例文が長くなります。ヒントも参考にしながら、日本語の意味になるよう空欄を埋めましょう（答えは次のページにあります）。

① 私はマドリードに住んでいるが、私が先祖から受け継いだ家は、実はスペインの南にある。

I live in Madrid, but my _____ h____ is actually in the south of Spain.

「私が先祖から受け継いだ家」は、「私の先祖伝来の家」と考えましょう。

② 給仕係は注文と違う料理を運んできてしまい、ひどく申し訳なさそうだった。

The s_____ w___ very _____ after bringing us the wrong order.

③ うちの娘の服のセンスはひどいと思うが、彼女は私のことを「ダサい」と言う。

I think my daughter's t_____ in c_____ is _____, but she just calls me "uncool."

④ この画家は、自身の作品において、典型的な美の基準を覆そうとしている。

This painter is trying to d____ _____ b_____ s_____ in her works.

「美の基準」が一塊の名詞句で、これを「典型的な」で修飾します。

⑤ ナンシーはとても率直に話すので、ときどき、好戦的だと思われる。

People sometimes t_____ Nancy is _____ because she speaks so directly.

「ナンシーは好戦的だと思われる」を、「ナンシーは好戦的だと人々が思う」という構造の文で表現してみましょう。

⑥ 部長らが言い争っている間、会長は、慈悲深い笑みを浮かべ続けていた。

While all the managers were arguing, the chairperson kept a _____ s_____ on his face.

答え合わせをしましょう。さらに自分でも使えるよう、音声のあとについてリピートしてみましょう。

① 私はマドリードに住んでいるが、私が先祖から受け継いだ家は、実はスペインの南にある。

I live in Madrid, but my ancestral home is actually in the south of Spain.

my ancestral home のように、代名詞の所有格と形容詞が連続する場合、必ず代名詞のほうが前に置かれる点に注意しましょう。

② 給仕係は注文と違う料理を運んできてしまい、ひどく申し訳なさそうだった。

The server was very apologetic after bringing us the wrong order.

近年、waiter/waitress より性別を意識させない server が一般的です。

③ うちの娘の服のセンスはひどいと思うが、彼女は私のことを「ダサい」と言う。

I think my daughter's taste in clothes is appalling, but she just calls me "uncool."

④ この画家は、自身の作品において、典型的な美の基準を覆そうとしている。

This painter is trying to defy archetypal beauty standards in her works.

⑤ ナンシーはとても率直に話すので、ときどき、好戦的だと思われる。

People sometimes think Nancy is belligerent because she speaks so directly.

⑥ 部長らが言い争っている間、会長は、慈悲深い笑みを浮かべ続けていた。

While all the managers were arguing, the chairperson kept a benign smile on his face.

①左の**1.**～**6.**の単語に合う意味を右の**あ～か**から選び、カッコに記入しましょう。問題の一部は前の課からの出題です（答えはこのページ下にあります）。

1. ancestral   [   ]   **あ** ［比喩］隙のない、完璧な

2. belligerent   [   ]   **い** 申し訳なさそうな、謝罪している

3. apologetic   [   ]   **う** 素早い、機敏な

4. ambiguous   [   ]   **え** 先祖伝来の

5. agile   [   ]   **お** 好戦的な、強硬な

6. airtight   [   ]   **か** 曖昧な

②左の**a.**～**f.**の英語の定義に合う単語を右の**あ～か**から選び、カッコに記入しましょう。問題の一部は前の課からの出題です（答えはこのページ下にあります）。

a. bad in a way that causes shock or disgust   [   ]   **あ** analytic

b. kind; gracious   [   ]   **い** archetypal

c. a perfect example of a certain type   [   ]   **う** appalling

d. very skilled; proficient; expert   [   ]   **え** alluring

e. showing skill at reasoning   [   ]   **お** benign

f. highly attractive or tempting   [   ]   **か** adept

● **Exercises の答え**
① 1. え   2. お   3. い   4. か   5. う   6. あ
② a. う   b. お   c. い   d. か   e. あ   f. え

単語を例文と共に学びましょう。音声を使ってリピート練習すると、よりよく覚えられます。英語の定義（イタリック部分）にも目を通しておきましょう。

---

211 **bland** [blǽnd]　　　SVL10

個性のない、風味のない

tasteless; dull; boring

例文 I prefer bland foods for breakfast.（私は朝食にあっさりしたものを好む）

---

212 **bossy** [bási]

指図したがる、偉そうな

given to ordering people around; overly authoritative

例文 Mr. Green acts bossy.（グリーン氏は偉そうに振る舞う）

※boss（上司、監督者）の形容詞形に当たる語です。

---

213 **cohesive** [kouhíːsiv]

団結した、まとまりがある

well-integrated; united

例文 We're a very cohesive family.（私たちはとても団結力の強い家族だ）

214 colossal [kəlásəl]　SVL10

並外れた、途方もなく大きい

surprisingly great in size, extent or degree; gigantic; huge

例文 Winning the contract was a colossal career achievement. （その契約の獲得は、非常に大きな業績だった）

※名詞形colossusは「巨人、大物、強大な組織」の意味です。

215 communal [kəmjúːnəl]　SVL10

共同の、共有の

used or shared by all in a group

例文 A big communal bottle of wine was placed on the table. （皆で飲むワインの大瓶が、テーブルに置かれた）

※community（共同体、コミュニティー）は、この語の名詞形の一つです。

216 contentious [kənténʃəs]　SVL11

異論の多い、議論を引き起こす

tending to provoke argument or strife

例文 Contentious meetings really make me tired. （異論の多い会議は心底疲れる）

ポール・コリアー（経済学者）のインタビューより

Japan is a very cohesive society. The societies I work on are at the other end of the spectrum.

日本は非常に結束力の強い社会です。私が研究している社会は、その対極にあります。

例文の復習です。日本語の意味になるよう、空欄を埋めましょう。埋められなかった場合には、前の見開きページに戻って確認しましょう（答えはこのページ下にあります）。

① 私は朝食にあっさりしたものを好む。

I prefer bl____ foods for breakfast.

② グリーン氏は偉そうに振る舞う。

Mr. Green acts bo____.

③ 私たちはとても団結力の強い家族だ。

We're a very co_____ family.

④ その契約の獲得は、非常に大きな業績だった。

Winning the contract was a co_____ career achievement.

⑤ 皆で飲むワインの大瓶が、テーブルに置かれた。

A big co_____ bottle of wine was placed on the table.

⑥ 異論の多い会議は心底疲れる。

Co_____ meetings really make me tired.

●Review の答え
① bland　② bossy　③ cohesive　④ colossal　⑤ communal
⑥ Contentious

先ほどより例文が長くなります。ヒントも参考にしながら、日本語の意味になるよう空欄を埋めましょう（答えは次のページにあります）。

① 私は朝食に、バナナの入った牛乳がけオートミールといった、あっさりしたものを好む。

I prefer _____ f_____ for breakfast, like oatmeal with milk and banana.

② グリーン氏は偉そうに振る舞うが、物事を管理しているのは、実は彼の妻だ。

Mr. Green a____ _____, but it's actually his wife who manages things.

「偉そうに振る舞う」は、「動詞＋形容詞」の形で表現しましょう。

③ うちの家族の何人かは、今、外国に住んでいるが、私たちはとても団結力の強い家族だ。

Although some of us now live in other countries, we're a very _____ f_____.

④ 機械供給契約の獲得は、サムにとって非常に大きな業績だった。

Winning the contract to supply machinery was a _____ c_____ a_____ for Sam.

⑤ 乾杯が始まる前に、皆で飲むワインの大瓶が、テーブルに置かれた。

A big _____ b_____ of w____ was placed on the table before the toasts began.

「皆で飲むワインの大瓶」は、「大きな、共同のワインの瓶」と考えましょう。

⑥ 異論の多い会議は、特にそれがオンラインで開催されると、心底疲れる。

_____ m_____ really make me tired, especially if they are held online.

答え合わせをしましょう。さらに自分でも使えるよう、音声のあとについてリピートしてみましょう。

① 私は朝食に、バナナの入った牛乳がけオートミールといった、あっさりしたものを好む。

I prefer bland foods for breakfast, like oatmeal with milk and banana.

② グリーン氏は偉そうに振る舞うが、物事を管理しているのは、実は彼の妻だ。

Mr. Green acts bossy, but it's actually his wife who manages things.

acts bossy の部分では、形容詞 bossy が動詞 act の補語になっています。

③ うちの家族の何人かは、今、外国に住んでいるが、私たちはとても団結力の強い家族だ。

Although some of us now live in other countries, we're a very cohesive family.

④ 機械供給契約の獲得は、サムにとって非常に大きな業績だなった。

Winning the contract to supply machinery was a colossal career achievement for Sam.

⑤ 乾杯が始まる前に、皆で飲むワインの大瓶が、テーブルに置かれた。

A big communal bottle of wine was placed on the table before the toasts began.

communal よりも、規模・大きさを表す形容詞 big のほうが前に出ている点に注意しましょう。

⑥ 異論の多い会議は、特にそれがオンラインで開催されると、心底疲れる。

Contentious meetings really make me tired, especially if they are held online.

①左の**1.**～**6.**の単語に合う意味を右の**あ～か**から選び、カッコに記入しましょう。問題の一部は前の課からの出題です（答えはこのページ下にあります）。

1. bossy   [   ]   **あ** 原型的な、手本の、典型的な

2. bland   [   ]   **い** 恵み深い、温和な

3. colossal   [   ]   **う** 指図したがる、偉そうな

4. appalling   [   ]   **え** 個性のない、風味のない

5. archetypal   [   ]   **お** 並外れた、途方もなく大きい

6. benign   [   ]   **か** ぎょっとするような、ひどい

②左の**a.**～**f.**の英語の定義に合う単語を右の**あ～か**から選び、カッコに記入しましょう。問題の一部は前の課からの出題です（答えはこのページ下にあります）。

a. used or shared by all in a group   [   ]   **あ** belligerent

b. well-integrated; united   [   ]   **い** apologetic

c. tending to provoke argument or strife   [   ]   **う** ancestral

d. showing regret for a wrong   [   ]   **え** communal

e. aggressive; ready to fight   [   ]   **お** contentious

f. descending or inherited from ancestors   [   ]   **か** cohesive

---

● Exercises の答え
① 1. う   2. え   3. お   4. か   5. あ   6. い
② a. え   b. か   c. お   d. い   e. あ   f. う

単語を例文と共に学びましょう。音声を使ってリピート練習すると、よりよく覚えられます。英語の定義（イタリック部分）にも目を通しておきましょう。

---

217 cuddly [kʌ́dli]

抱きしめたくなるような

having an endearing or appealing, often soft, quality

例文 Those koalas seem cute and cuddly. （あのコアラたちはかわいくて抱きしめたくなるようだ）

※「（～を）抱きしめる、抱きしめること」の意味の動詞形・名詞形cuddleも併せて覚えておきましょう。

---

218 deprived [dipráivd]

貧しい、困窮した

lacking the necessities for a good and healthy life

例文 He had a deprived childhood. （彼は貧しい子ども時代を送った）

※もっぱら名詞の前に置かれる形容詞です。動詞形deprive（～を奪う）も併せて覚えておきましょう。

---

219 detrimental [dètrəméntl]　SVL12

有害な、弊害をもたらす

tending to cause harm or injury

例文 Video games are detrimental to a child's development. （テレビゲームは子どもの成長の妨げになる）

220 dismal [dízməl]　SVL7

陰気な、陰うつな、憂うつな、暗い

bleak, dark and gloomy

例文 The hotel room was dismal. (そのホテルの部屋は暗くて陰気だった)

※語中のsは [s] ではなく [z] と発音します。

221 disparaging [dispǽridʒiŋ]

侮辱的な、さげすんだ

tending to belittle or discredit

例文 He started making disparaging comments. (彼は侮辱的な発言を始めた)

※「〜を批判する、〜をけなす」の意味の動詞形disparageも併せて覚えておきましょう。

222 dour [dáuər | dúər]　SVL11

気難しい、不機嫌な

gloomy; sullen

例文 Wipe that dour expression off your face! (その気難しい顔はやめてください!)

アーミッシュ・トリパーティー（作家）のインタビューより

If you check any modern dictionary, they have a very disparaging meaning of the word mythos.

現代の辞書でmythosを引くと、そこに載っている語義はかなり侮蔑的なものです。

例文の復習です。日本語の意味になるよう、空欄を埋めましょう。埋められなかった場合には、前の見開きページに戻って確認しましょう（答えはこのページ下にあります）。

① あのコアラたちはかわいくて抱きしめたくなるようだ。

Those koalas seem cute and cu_____.

② 彼は貧しい子ども時代を送った。

He had a de_____ childhood.

③ テレビゲームは子どもの成長の妨げになる。

Video games are de_____ to a child's development.

④ そのホテルの部屋は暗くて陰気だった。

The hotel room was di_____.

⑤ 彼は侮辱的な発言を始めた。

He started making di_____ comments.

⑥ その気難しい顔はやめて！

Wipe that do___ expression off your face!

先ほどより例文が長くなります。ヒントも参考にしながら、日本語の意味になるよう空欄を埋めましょう(答えは次のページにあります)。

① あのコアラたちはかわいくて抱きしめたくなるようだが、野生動物だということを忘れてはいけない。

Those k_____ seem c____ and _____, but don't forget that they are wild animals.

「かわいくて抱きしめたくなる」の部分には、形容詞を2つ使いましょう。

② 彼は貧しい子ども時代を送ったので、自分の子どもたちにはより良い生活をさせようと懸命に働いた。

He had a _____ c_____, and so he worked hard to make a better life for his kids.

③ テレビゲームは子どもの成長の妨げになる、と固く信じている人もいる。

Some people firmly believe that video games are _____ to a c_____ d_____.

「子どもの成長の妨げになる」は、「子どもの成長に有害だ」と考えましょう。

④ そのホテルの部屋は、古い家具のある、ほとんど光の差さない暗くて陰気なところだった。

The h_____ r___ was _____, with old furniture and very little light.

⑤ 彼は彼女が言い終わるのを待たずに、侮辱的な発言を始めた。

He wouldn't let her finish before he started m_____ _____ c_____.

⑥ その気難しい顔はやめて、私たちににっこり笑って!

W___ that _____ e_____ o__ your face and give us a big smile!

「顔から表情をぬぐい去って」と考えましょう。

答え合わせをしましょう。さらに自分でも使えるよう、音声のあとについてリピートしてみましょう。

① あのコアラたちはかわいくて抱きしめたくなるようだが、野生動物だということを忘れてはいけない。

Those koalas seem cute and cuddly, but don't forget that they are wild animals.

② 彼は貧しい子ども時代を送ったので、自分の子どもたちにはより良い生活をさせようと懸命に働いた。

He had a deprived childhood, and so he worked hard to make a better life for his kids.

③ テレビゲームは子どもの成長の妨げになる、と固く信じている人もいる。

Some people firmly believe that video games are detrimental to a child's development.

be detrimental to 〜の形で「〜に（とって）有害だ」の意味を表します。

④ そのホテルの部屋は、古い家具のある、ほとんど光の差さない暗くて陰気なところだった。

The hotel room was dismal, with old furniture and very little light.

⑤ 彼は彼女が言い終わるのを待たずに、侮辱的な発言を始めた。

He wouldn't let her finish before he started making disparaging comments.

⑥ その気難しい顔はやめて、私たちににっこり笑って！

Wipe that dour expression off your face and give us a big smile!

①左の1.～6.の単語に合う意味を右の**あ～か**から選び、カッコに記入しましょう。問題の一部は前の課からの出題です（答えはこのページ上にあります）。

1. detrimental	[　　]	**あ** 陰気な、陰うつな、憂うつな、暗い
2. dismal	[　　]	**い** 異論の多い、議論を引き起こす
3. dour	[　　]	**う** 共同の、共有の
4. cohesive	[　　]	**え** 有害な、弊害をもたらす
5. communal	[　　]	**お** 気難しい、不機嫌な
6. contentious	[　　]	**か** 団結した、まとまりがある

②左の**a.～f.** の英語の定義に合う単語を右の**あ～か**から選び、カッコに記入しましょう。問題の一部は前の課からの出題です（答えはこのページ下にあります）。

a. lacking the necessities for a good and healthy life	[　　]	**あ** bossy
b. tending to belittle or discredit	[　　]	**い** bland
c. having an endearing or appealing, often soft, quality	[　　]	**う** colossal
d. surprisingly great in size, extent or degree; gigantic; huge	[　　]	**え** disparaging
e. tasteless; dull; boring	[　　]	**お** cuddly
f. given to ordering people around; overly authoritative	[　　]	**か** deprived

単語を例文と共に学びましょう。音声を使ってリピート練習すると、よりよく覚えられます。英語の定義（イタリック部分）にも目を通しておきましょう。

223 dysfunctional [disfʌ́ŋkʃənl]

機能不全の、（家庭などが）崩壊した

not able to perform normally; malfunctioning

例文 Bob and Mia are a dysfunctional couple. （ボブとミアのカップルはうまくいっていない）

※「機能不全」の意味の名詞形dysfunctionも併せて覚えておきましょう。

224 egalitarian [igæ̀lətéəriən]　SVL12

平等主義の

aiming for equality for all people

例文 An egalitarian teacher judges all students by the same standards. （平等主義の教師は、全生徒を同じ基準で判断する）

225 eligible [élidʒəbl]　SVL10

資格がある

fitting the stipulated requirements, qualified

例文 You'll be eligible to apply for teaching jobs. （あなたは教職に応募する資格が得られる）

※「資格、適格性」の意味の名詞形eligibilityも併せて覚えておきましょう。

226 entrenched [intréntʃit]

定着した、確立された

solidly or firmly established

例文 The twice-yearly bonus system is strongly entrenched at our company.（年に2回のボーナス制度は、わが社ですっかり定着している）

227 epic [épik]　　SVL9

最高の、けた外れの

grand; impressively great

例文 Making my way home was an epic journey.（帰宅する道のりがとんでもない旅になった）

228 escapist [iskéipist]

現実逃避の

characterized by an activity or type of entertainment that helps people forget their problems

例文 Escapist movies are popular.（現実逃避的な映画が人気を集めている）

※ -istという接尾辞は「人」を表すので、「現実逃避する人」の意味で使われることもあります。

例文の復習です。日本語の意味になるよう、空欄を埋めましょう。埋められなかった場合には、前の見開きページに戻って確認しましょう(答えはこのページ下にあります)。

① ボブとミアのカップルはうまくいっていない。

Bob and Mia are a dy＿＿＿＿＿＿ couple.

② 平等主義の教師は、全生徒を同じ基準で判断する。

An eg＿＿＿＿＿ teacher judges all students by the same standards.

③ あなたは教職に応募する資格が得られる。

You'll be el＿＿＿ to apply for teaching jobs.

④ 年に2回のボーナス制度は、わが社ですっかり定着している。

The twice-yearly bonus system is strongly en＿＿＿＿ at our company.

⑤ 帰宅する道のりがとんでもない旅になった

Making my way home was an ep＿ journey.

⑥ 現実逃避的な映画が人気を集めている。

Es＿＿＿ movies are popular.

先ほどより例文が長くなります。ヒントも参考にしながら、日本語の意味になるよう空欄を埋めましょう（答えは次のページにあります）。

① ボブとミアはときどき口論するが、うまくいっていないカップルだというわけではない。

Bob and Mia argue sometimes, but that doesn't mean they are a ＿＿＿＿＿＿＿＿ c＿＿＿＿.

② 平等主義の教師は、クラスの全生徒をまったく同じ基準で判断する。

An ＿＿＿＿＿＿＿ teacher j＿＿＿＿ all the students in the class by exactly the same s＿＿＿＿＿.

③ 教員養成大学を卒業すると、教職に応募する資格が得られる。

After you finish teachers college, you'll be ＿＿＿＿＿＿ to a＿＿＿ f＿＿ teaching jobs.

④ CEOは変えたがっているが、年に2回のボーナス制度は、わが社ですっかり定着している。

The CEO wants to change it, but the twice-yearly bonus s＿＿＿＿ is s＿＿＿＿＿＿ ＿＿＿＿＿＿＿ at our company.

「すっかり定着している」は、「強く定着している」と考えましょう。

⑤ 大地震のあと、東京の中心から帰宅する道のりがとんでもない旅になった。

After the giant earthquake, m＿＿＿＿ my w＿＿ home from the center of Tokyo was an ＿＿＿＿ j＿＿＿＿.

「帰宅する」をどう表現するか考えてみましょう。

⑥ 世界中、悪いニュースばかりなので、このところ特に現実逃避的な映画が人気を集めている。

With all the bad news in the world, ＿＿＿＿＿＿ m＿＿＿＿ are especially popular these days.

答え合わせをしましょう。さらに自分でも使えるよう、音声のあとについてリピートしてみましょう。

① ボブとミアはときどき口論するが、うまくいっていないカップルだというわけではない。

Bob and Mia argue sometimes, but that doesn't mean they are a dysfunctional couple.

② 平等主義の教師は、クラスの全生徒をまったく同じ基準で判断する。

An egalitarian teacher judges all the students in the class by exactly the same standards.

an egalitarian teacherと不定冠詞を伴い、「平等主義の教師というもの」という一般化が行われています。

③ 教員養成大学を卒業すると、教職に応募する資格が得られる。

After you finish teachers college, you'll be eligible to apply for teaching jobs.

④ CEOは変えたがっているが、年に2回のボーナス制度は、わが社ですっかり定着している。

The CEO wants to change it, but the twice-yearly bonus system is strongly entrenched at our company.

⑤ 大地震のあと、東京の中心から帰宅する道のりがとんでもない旅になった。

After the giant earthquake, making my way home from the center of Tokyo was an epic journey.

⑥ 世界中、悪いニュースばかりなので、このところ特に現実逃避的な映画が人気を集めている。

With all the bad news in the world, escapist movies are especially popular these days.

242

Exercises

①左の**1.〜6.**の単語に合う意味を右の**あ〜か**から選び、カッコに記入しましょう。問題の一部は前の課からの出題です（答えはこのページ上にあります）。

1. epic	[　　]	**あ** 資格がある
2. eligible	[　　]	**い** 侮辱的な、さげすんだ
3. egalitarian	[　　]	**う** 最高の、けた外れの
4. cuddly	[　　]	**え** 平等主義の
5. deprived	[　　]	**お** 貧しい、困窮した
6. disparaging	[　　]	**か** 抱きしめたくなるような

②左の**a.〜f.**の英語の定義に合う単語を右の**あ〜か**から選び、カッコに記入しましょう。問題の一部は前の課からの出題です（答えはこのページ下にあります）。

a. solidly or firmly established	[　　]	**あ** dismal
b. characterized by an activity or type of entertainment that helps people forget their problems	[　　]	**い** dour
		う detrimental
		え escapist
c. not able to perform normally; malfunctioning	[　　]	**お** entrenched
		か dysfunctional
d. tending to cause harm or injury	[　　]	
e. gloomy; sullen	[　　]	
f. bleak, dark and gloomy	[　　]	

⬤ **Exercises の答え**
① 1. う　2. あ　3. え　4. か　5. お　6. い
② a. お　b. え　c. か　d. う　e. い　f. あ

単語を例文と共に学びましょう。音声を使ってリピート練習すると、よりよく覚えられます。英語の定義（イタリック部分）にも目を通しておきましょう。

229 esoteric [èsətérik]

SVL12

深遠な、難解な

understood by or intended for only the select few who have special knowledge or interest

例文 His works are too esoteric for me. （彼の作品は私には難解すぎる）

230 exhilarating [igzílərèitiŋ]

気持ちが浮き立つような、元気の出る、爽快な

stimulating; causing strong feelings of excitement

例文 Helping children learn to read is exhilarating. （子どもが読むことを学ぶ手伝いをするのはわくわくする）

231 existential [ègzisténʃəl]

SVL10

実存主義の、実存の、存在に関する

of, based on or relating to existence, especially human

例文 We discuss existential questions in my philosophy class. （私たちは哲学の授業で、存在に関する問いについて議論する）

※「存在」の意味を表す名詞形 existence も併せて覚えておきましょう。

232 **facetious** [fəsíːʃəs]　SVL 12

冗談で言った、戯れの

used to describe speech meant to be humorous but regarded as annoying or improper

例文 Are you being facetious, or do you mean it?

（あなたは冗談を言っているのですか、それとも本気ですか？）

233 **foreseeable** [fɔːrsíːəbl]　SVL9

予測できる、近々の

able to be known or seen beforehand or in advance

例文 Will you change jobs in the foreseeable future?（近い将来、あなたは転職しますか？）

※「〜を予見する、〜を予測する」の意味を表す動詞 foresee に、可能を表す接尾辞 -able が付いてできた語と考えるといいでしょう。

234 **fruitless** [frúːtləs]　SVL10

成果の上がらない、むなしい

unsuccessful; unproductive

例文 Sweeping up the leaves is a fruitless effort.（落ち葉を掃くのは無駄な努力だ）

※「果実、フルーツ」の意味の fruit には、「成果、結果」という意味もあります。この語が「無い」の意味の接尾辞 -less と組み合わされています。

例文の復習です。日本語の意味になるよう、空欄を埋めましょう。埋められなかった場合には、前の見開きページに戻って確認しましょう(答えはこのページ下にあります)。

① 彼の作品は私には難解すぎる。

His works are too es＿＿＿＿ for me.

② 子どもが読むことを学ぶ手伝いをするのはわくわくする。

Helping children learn to read is ex＿＿＿＿＿＿.

③ 私たちは哲学の授業で、存在に関する問いについて議論する。

We discuss ex＿＿＿＿＿ questions in my philosophy class.

④ あなたは冗談を言っているのですか、それとも本気ですか?

Are you being fa＿＿＿＿, or do you mean it?

⑤ 近い将来、あなたは転職しますか?

Will you change jobs in the fo＿＿＿＿ future?

⑥ 落ち葉を掃くのは無駄な努力だ。

Sweeping up the leaves is a fr＿＿＿＿ effort.

先ほどより例文が長くなります。ヒントも参考にしながら、日本語の意味になるよう空欄を埋めましょう（答えは次のページにあります）。

① カントを読もうとしたが、彼の作品は私にはあまりにも難解すぎる。

I have tried to read Kant, but his works are far t___ _____ for me.

ここではfarという強意の副詞が、さらに別の副詞を修飾し、それが形容詞を修飾する構造になっています。

② 子どもが読むことを学ぶ手伝いをするのは、自分にとってわくわくすることだと気づいた。

I found out that h_____ c_____ learn to read is _____ for me.

③ 私たちは哲学の授業で、深く、考えを揺さぶるような、存在に関するたくさんの問いについて議論する。

We discuss lots of deep, thought-provoking _____ q_____ in my p_____ c_____.

④ 私の声を美しいだなんて、あなたは冗談を言っているのですか、あるいは本気ですか？

Are you b_____ _____, or do you really mean it when you call my voice beautiful?

⑤ もし昇進がかなわなかったら、あなたは近い将来、転職しますか？

If your promotion does not come through, will you change jobs ___ the _____ f_____?

「近い将来」は、「予測できる将来において」と考えましょう。

⑥ こんな風の強い日に落ち葉を掃くのは、無駄な努力だ。

Sweeping up the leaves on such a windy day is a _____ e_____.

答え合わせをしましょう。さらに自分でも使えるよう、音声のあとについてリピートしてみましょう。

① カントを読もうとしたが、彼の作品は私にはあまりにも難解すぎる。

I have tried to read Kant, but his works are far too esoteric for me.

② 子どもが読むことを学ぶ手伝いをするのは、自分にとってわくわくすることだと気づいた。

I found out that helping children learn to read is exhilarating for me.

③ 私たちは哲学の授業で、深く、考えを揺さぶるような、存在に関するたくさんの問いについて議論する。

We discuss lots of deep, thought-provoking existential questions in my philosophy class.

④ 私の声を美しいだなんて、あなたは冗談を言っているのですか、あるいは本気ですか?

Are you being facetious, or do you really mean it when you call my voice beautiful?

「be being＋形容詞」の形は、形容詞が表す状態・状況が一時的であることを表します。「be＋形容詞」だと不変的な性質が表現されます。

⑤ もし昇進がかなわなかったら、あなたは近い将来、転職しますか?

If your promotion does not come through, will you change jobs in the foreseeable future?

⑥ こんな風の強い日に落ち葉を掃くのは、無駄な努力だ。

Sweeping up the leaves on such a windy day is a fruitless effort.

248

①左の1.～6.の単語に合う意味を右の**あ～か**から選び、カッコに記入しましょう。問題の一部は前の課からの出題です（答えはこのページ下にあります）。

1. exhilarating [   ]
2. esoteric [   ]
3. existential [   ]
4. dysfunctional [   ]
5. entrenched [   ]
6. escapist [   ]

あ 機能不全の、（家庭などが）崩壊した
い 気持ちが浮き立つような、元気の出る、爽快な
う 定着した、確立された
え 実存主義の、実存の、存在に関する
お 現実逃避の
か 深遠な、難解な

②左の**a.**～**f.**の英語の定義に合う単語を右の**あ～か**から選び、カッコに記入しましょう。問題の一部は前の課からの出題です（答えはこのページ下にあります）。

a. used to describe speech meant to be humorous but regarded as annoying or improper [   ]
b. able to be known or seen beforehand or in advance [   ]
c. unsuccessful; unproductive [   ]
d. aiming for equality for all people [   ]
e. grand; impressively great [   ]
f. fitting the stipulated requirements, qualified [   ]

あ foreseeable
い facetious
う fruitless
え eligible
お epic
か egalitarian

●Exercisesの答え
① 1. い　2. か　3. え　4. あ　5. う　6. お
② a. い　b. あ　c. う　d. か　e. お　f. え

単語を例文と共に学びましょう。音声を使ってリピート練習すると、よりよく覚えられます。英語の定義（イタリック部分）にも目を通しておきましょう。

235 galore [gəlɔ́ːr]
たくさんの、豊富な

in abundance

例文 There will be beer and wine galore. （ビールとワインがたっぷり出されるだろう）

※修飾する名詞の直後に置かれるという特徴があります。

236 gratifying [grǽtəfàiiŋ]
満足な、喜ばしい

giving or causing satisfaction or pleasure

例文 He finds it gratifying to cook for his family. （彼は家族のために食事を作ることに喜びを感じている）

※「～を満足させる、～を喜ばせる」の意味を表す動詞 gratify から派生した形容詞です。

237 grueling [grúːəliŋ] SVL11
非常に骨の折れる、消耗するような

exhausting; very trying

例文 The marathon was grueling for the runners.
（そのマラソンは走者にとってとてもきつかった）

238 hard-earned [háːrdə́ːrnd]

苦労して手に入れた

obtained through hard work

例文 Protect your hard-earned savings. （苦労して手に入れた貯蓄を守りなさい）

239 hazy [héizi] SVL9

ぼんやりした、不明確な

lacking distinctness or clarity; vague; indefinite; confused; obscure

例文 My memories of elementary school are now hazy. （私の小学校の記憶は今や、ぼんやりしている）

※「もや、かすみ」の意味を表す名詞形 haze も併せて覚えておきましょう。

240 heady [hédi] SVL11

知的な刺激を与えるような、頭を使わせるような

exhilarating; thrilling

例文 It was a heady moment when the images first appeared. （画像が最初に現れたときは、知的好奇心が刺激される瞬間だった）

ベネディクト・カンバーバッチ（映画『イミテーション・ゲーム／エニグマと天才数学者の秘密』主演俳優）のインタビューより

To go back there playing the people that were actually there, doing what they did, was very heady and wonderful.

その場所に戻って、そこに実際にいた人たちを演じ、その人たちがしたことをするのは、全くめまいがするほど素晴らしいことでした。

例文の復習です。日本語の意味になるよう、空欄を埋めましょう。埋められなかった場合には、前の見開きページに戻って確認しましょう（答えはこのページ下にあります）。

① ビールとワインがたっぷり出されるだろう。

There will be beer and wine ga_____.

② 彼は家族のために食事を作ることに喜びを感じている。

He finds it gr_____ to cook for his family.

③ そのマラソンは走者にとってとてもきつかった。

The marathon was gr_____ for the runners.

④ 苦労して手に入れた貯蓄を守りなさい。

Protect your ha_____ savings.

⑤ 私の小学校の記憶は今や、ぼんやりしている。

My memories of elementary school are now ha___.

⑥ 画像が最初に現れたときは、知的好奇心が刺激される瞬間だった。

It was a he____ moment when the images first appeared.

先ほどより例文が長くなります。ヒントも参考にしながら、日本語の意味になるよう空欄を埋めましょう（答えは次のページにあります）。

① 素晴らしい食事に加えて、その結婚披露宴ではビールとワインがたっぷり出されるだろう。

Along with great food, t＿＿ w＿＿ b＿ beer and wine ＿＿＿＿＿
at the wedding reception.

「ビールとワインがたっぷり」は、「たっぷりのビールとワインが」と考えましょう。

② 彼は家族のために栄養価の高い食事を手作りすることに、大きな喜びを感じている。

He finds it extremely ＿＿＿＿＿＿＿＿ to c＿＿ a homemade,
nutritious meal for his family.

ここではit（＝手作りすること）が「喜ばしい」と表現を工夫しましょう。

③ そのフルマラソンの後半のコースは、大半の走者にとってとてもきつかった。

The last half of the full m＿＿＿＿＿ course was ＿＿＿＿＿＿ for
most of the r＿＿＿＿.

④ このセミナーは苦労して手に入れた貯蓄を詐欺師からどう守るかを教える。

This seminar will tell you how to protect your ＿＿＿-＿＿＿＿
s＿＿＿＿ from scammers.

⑤ 高校時代のことはよく覚えているが、小学校の記憶は今や、ぼんやりしている。

I remember my high school days well, but my m＿＿＿＿＿ of
e＿＿＿＿＿ s＿＿＿ are now ＿＿＿.

⑥ 火星の地表の画像が最初に現れたときは、知的好奇心が刺激される瞬間だった。

It was a ＿＿＿＿ m＿＿＿＿ when the images of the surface of
Mars first appeared.

答え合わせをしましょう。さらに自分でも使えるよう、音声のあとについてリピートしてみましょう。

① 素晴らしい食事に加えて、その結婚披露宴ではビールとワインがたっぷり出されるだろう。

Along with great food, there will be beer and wine galore at the wedding reception.

ここでは形容詞 galore が beer と wine をまとめて後ろから修飾しています。

② 彼は家族のために栄養価の高い食事を手作りすることに、大きな喜びを感じている。

He finds it extremely gratifying to cook a homemade, nutritious meal for his family.

この文には It is extremely gratifying to cook a homemade, nutritious meal. という構造が隠れています。

③ そのフルマラソンの後半のコースは、大半の走者にとってとてもきつかった。

The last half of the full marathon course was grueling for most of the runners.

④ このセミナーは苦労して手に入れた貯蓄を詐欺師からどう守るかを教える。

This seminar will tell you how to protect your hard-earned savings from scammers.

⑤ 高校時代のことはよく覚えているが、小学校の記憶は今や、ぼんやりしている。

I remember my high school days well, but my memories of elementary school are now hazy.

⑥ 火星の地表の画像が最初に現れたときは、知的好奇心が刺激される瞬間だった。

It was a heady moment when the images of the surface of Mars first appeared.

Exercises

①左の1.～6.の単語に合う意味を右の**あ～か**から選び、カッコに記入しましょう。問題の一部は前の課からの出題です（答えはこのページ下にあります）。

1. hard-earned　　[　　]　**あ** 満足な、喜ばしい

2. heady　　　　　[　　]　**い** 成果の上がらない、むなしい

3. gratifying　　　[　　]　**う** 冗談で言った、戯れの

4. fruitless　　　　[　　]　**え** 知的な刺激を与えるような、頭を使わせる

5. facetious　　　　[　　]　　　ような

6. foreseeable　　 [　　]　**お** 予測できる、近々の

　　　　　　　　　　　　　　　　か 苦労して手に入れた

②左のa.～f.の英語の定義に合う単語を右の**あ～か**から選び、カッコに記入しましょう。問題の一部は前の課からの出題です（答えはこのページ下にあります）。

a. lacking distinctness or clarity; vague;　[　　]　**あ** existential
indefinite; confused; obscure

　　　　　　　　　　　　　　　　　　　　　　　い esoteric

b. in abundance　　　　　　　　　　　　　[　　]　**う** galore

c. exhausting; very trying　　　　　　　　[　　]　**え** exhilarating

d. of, based on or relating to existence,　[　　]　**お** grueling
especially human

　　　　　　　　　　　　　　　　　　　　　　　か hazy

e. stimulating; causing strong feelings of　[　　]
excitement

f. understood by or intended for only the　[　　]
select few who have special knowledge
or interest

単語を例文と共に学びましょう。音声を使ってリピート練習すると、よりよく覚えられます。英語の定義（イタリック部分）にも目を通しておきましょう。

241 heinous [héinəs]

凶悪な、最悪の、ひどい

evil; odious; abominable

例文 The killing of the journalist was a heinous crime. （そのジャーナリストの殺害は凶悪犯罪だった）

242 hell-raising [hélrèiziŋ]

トラブルメーカーの、はた迷惑な

being a troublemaker; behaving recklessly

例文 Mr. Henry was once a hell-raising teen. （ヘンリー氏はかつて、はた迷惑なティーンだった）

※hell(-)raiser（もめごとを起こす人、トラブルメーカー）という名詞から派生しました。

243 hilarious [hiléəriəs]　　SVL11

とても面白い、滑稽な、腹を抱えるような

extremely funny

例文 The stories you tell are hilarious. （あなたの話はとても面白い）

244 homogeneous [hòumədʒíːniəs]　SVL12

同質の、均質の

of the same kind or nature; similar in structure

例文 It was a small and homogeneous society. (そこは小さく均質な社会だった)

245 illustrious [ilʌ́striəs]　SVL12

(行為、業績などが)華々しい、素晴らしい、輝かしい

distinguished; outstanding

例文 We're hoping to get an illustrious speaker. (名だたる講演者を呼べることを願っている)

246 incremental [ìnkrəméntəl]

徐々に増える、ゆっくりとした、漸進的な

relating to an increase, especially small and of a series

例文 Most of the improvements have been incremental. (ほとんどの進歩はゆっくりしたものだ)

※「増大、増加」の意味を表す名詞形 increment も併せて覚えておきましょう。

デビッド・パッカード(ヒューレット・パッカード社共同創業者)のインタビューより
We started in 1939, and then 1957, we decided we wanted to divisionalize. So up to that time, we'd been a very homogeneous company.

私たちは1939年に会社を立ち上げ、57年には部門ごとに分社化することにしました。それまでは均質的な会社でした。

Review

例文の復習です。日本語の意味になるよう、空欄を埋めましょう。埋められなかった場合には、前の見開きページに戻って確認しましょう（答えはこのページ下にあります）。

① そのジャーナリストの殺害は凶悪犯罪だった。

　The killing of the journalist was a he_____ crime.

② ヘンリー氏はかつて、はた迷惑なティーンだった。

　Mr. Henry was once a he_____ teen.

③ あなたの話はとても面白い。

　The stories you tell are hi_____.

④ そこは小さく均質な社会だった。

　It was a small and ho_____ society.

⑤ 名だたる講演者を呼べることを願っている。

　We're hoping to get an il_____ speaker.

⑥ ほとんどの進歩はゆっくりしたものだ。

　Most of the improvements have been in_____.

先ほどより例文が長くなります。ヒントも参考にしながら、日本語の意味になるよう空欄を埋めましょう（答えは次のページにあります）。

① そのジャーナリストの殺害は凶悪犯罪で、決して正当化されるものではない。

The k_____ of the journalist was a _____ c_____ that cannot ever be justified.

「凶悪（な）犯罪」の「犯罪」は、数えられる名詞を使って表現しましょう。

② ヘンリー氏がかつて、はた迷惑なティーンだったとは、思いもよらないだろう。

You'd never guess that Mr. Henry was once a _____-_____ t____.

③ あなたの大学時代の話は、いつもめちゃくちゃ面白い。

The s_____ you tell from your college days are always absolutely _____.

「とても面白い」の意味の形容詞が、副詞absolutelyで強調されています。

④ そこは小さく均質な社会で、誰もが顔見知りのようだった。

It was a s_____ and _____ s_____ where everyone seemed to know each other.

⑤ 6月の私たちの卒業式に、名だたる講演者を呼べることを願っている。

We're hoping to g__ an _____ s_____ for our graduation ceremony this coming June.

「名だたる講演者を呼ぶ」は、「名だたる講演者を得る」と考えましょう。

⑥ ほとんどの進歩は革命的というよりも、ゆっくりしたものだ。

Most of the i_____ h____ b____ _____ rather than revolutionary.

答え合わせをしましょう。さらに自分でも使えるよう、音声のあとについてリピートしてみましょう。

① そのジャーナリストの殺害は凶悪犯罪で、決して正当化されるものではない。

The killing of the journalist was a heinous crime that cannot ever be justified.

② ヘンリー氏がかつて、はた迷惑なティーンだったとは、思いもよらないだろう。

You'd never guess that Mr. Henry was once a hell-raising teen.

teen は teenager を縮めた形で、厳密には「13歳から19歳の若者」を指します。

③ あなたの大学時代の話は、いつもめちゃくちゃ面白い。

The stories you tell from your college days are always absolutely hilarious.

④ そこは小さく均質な社会で、誰もが顔見知りのようだった。

It was a small and homogeneous society where everyone seemed to know each other.

⑤ 6月の私たちの卒業式に、名だたる講演者を呼べることを願っている。

We're hoping to get an illustrious speaker for our graduation ceremony this coming June.

この get は invite と言い換えることもできます。

⑥ ほとんどの進歩は革命的というよりも、ゆっくりしたものだ。

Most of the improvements have been incremental rather than revolutionary.

①左の**1.**～**6.**の単語に合う意味を右の**あ～か**から選び、カッコに記入しましょう。問題の一部は前の課からの出題です（答えはこのページトにあります）。

1. homogeneous　[　　]　**あ** ぼんやりした、不明確な

2. hilarious　　　[　　]　**い** 非常に骨の折れる、消耗するような

3. illustrious　　[　　]　**う** 同質の、均質の

4. grueling　　　[　　]　**え** とても面白い、滑稽な、腹を抱えるような

5. hazy　　　　　[　　]　**お** （行為、業績などが）華々しい、素晴らしい、

6. galore　　　　[　　]　　　 輝かしい

　　　　　　　　　　　　　　　 か たくさんの、豊富な

②左の**a.**～**f.**の英語の定義に合う単語を右の**あ～か**から選び、カッコに記入しましょう。問題の一部は前の課からの出題です（答えはこのページ下にあります）。

a. relating to an increase, especially small　[　　]　**あ** gratifying
and of a series　　　　　　　　　　　　　　　　　　 **い** hard-earned

b. evil; odious; abominable　　　　　　　　　[　　]　**う** heady

c. being a troublemaker; behaving　　　　　[　　]　**え** hell-raising
recklessly　　　　　　　　　　　　　　　　　　　 **お** incremental

d. giving or causing satisfaction or　　　　　[　　]　**か** heinous
pleasure

e. exhilarating; thrilling　　　　　　　　　　[　　]

f. obtained through hard work　　　　　　　[　　]

● Exercises の答え
① 1. う　2. え　3. お　4. い　5. あ　6. か
② a. お　b. か　c. え　d. あ　e. う　f. い

261

単語を例文と共に学びましょう。音声を使ってリピート練習すると、よりよく覚えられます。英語の定義（イタリック部分）にも目を通しておきましょう。

247 inept [inépt]　　　SVL11

不器用な、下手な

incompetent; ineffectual

例文 I'm inept when it comes to writing poetry.（私は、詩を書くこととなると不器用だ）

248 inherent [inhérənt]　　　SVL7

本来備わっている、内在する、生来の

existing in someone or something as a natural and inseparable element, quality or attribute

例文 People seem to have an inherent taste for sweet flavors.（人は、生まれながらに甘味を好むようだ）

249 integral [íntigrəl]　　　SVL8

絶対必要な、必須の

essential; necessary for completeness

例文 Each one of you is an integral part of our team.（あなた方一人一人が、プロジェクトチームに欠かせない存在だ）

※類義語のessentialやindispensableも併せて覚えておきましょう。

250 irrelevant [irélavant]　SVL8

無関係な

not applicable or pertinent; not relevant

例文 I studied subjects irrelevant to my career. (私は仕事とは無関係な教科を勉強した)

※形容詞 relevant(関連がある、適切な)に否定の意味を持つ接頭辞 ir- が付き、逆の意味を表していると考えると分かりやすいでしょう。

251 irrepressible [ìriprésəbl]

抑えきれない、活力に満ちあふれた

incapable of being restrained; uncontrollable

例文 She had an irrepressible sense of humor. (彼女にはあふれるユーモアのセンスがあった)

※これも上と同様に、repressible(抑制できる)に接頭辞 ir- が付いた形です。

252 lousy [láuzi]　SVL10

お粗末な、ひどい

inferior; poor

例文 The lighting in this photo is lousy. (この写真の照明はお粗末だ)

ウィリアム・ヒューレット(ヒューレット・パッカード社共同創業者)のインタビューより
Shockley was a great engineer but a lousy manager. He got a lot of these high, very intelligent guys out here and really couldn't manage them.
(ウィリアム・)ショックレーは偉大な技術者ではありましたが、ひどい管理者でした。彼は大勢の優秀な人たちをここに集めましたが、その管理が全くできませんでした。

例文の復習です。日本語の意味になるよう、空欄を埋めましょう。埋められなかった場合には、前の見開きページに戻って確認しましょう（答えはこのページ下にあります）。

① 私は、詩を書くこととなると不器用だ。

I'm in＿＿ when it comes to writing poetry.

② 人は、生まれながらに甘味を好むようだ。

People seem to have an in＿＿＿＿ taste for sweet flavors.

③ あなた方一人一人が、プロジェクトチームに欠かせない存在だ。

Each one of you is an in＿＿＿＿ part of our team.

④ 私は仕事とは無関係な教科を勉強した。

I studied subjects ir＿＿＿＿＿ to my career.

⑤ 彼女にはあふれるユーモアのセンスがあった。

She had an ir＿＿＿＿＿＿ sense of humor.

⑥ この写真の照明はお粗末だ。

The lighting in this photo is lo＿＿.

先ほどより例文が長くなります。ヒントも参考にしながら、日本語の意味になるよう空欄を埋めましょう（答えは次のページにあります）。

① 私は、詩を書くこととなると不器用なのは分かっているが、ちょっとした楽しみのためだけにやっている。

I know I'm ＿＿＿＿ when i_ c＿＿＿ to writing poetry, but I do it for a little fun.

「詩を書くこととなると」を、あるイディオムを使って表現してみましょう。

② 食品産業は、人は生まれながらに甘味を好むようだということをよく分かっている。

The food industry knows well that people seem to h＿＿＿ an ＿＿＿＿＿＿ t＿＿＿ for sweet flavors.

「甘味に対する生まれつきの嗜好がある」と考えましょう。

③ あなた方一人一人が、プロジェクトチームに欠かせない存在だし、目標を達成するために不可欠だ。

Each one of you is an ＿＿＿＿＿ p＿＿ of our project team and vital to achieving our goals.

④ あいにく私は大学時代に、仕事とは無関係な教科を勉強した。

Unfortunately, I studied subjects ＿＿＿＿＿＿ ＿ my c＿＿＿＿ during my college days.

「～とは無関係な」は、「形容詞＋前置詞」の形で表現します。

⑤ 彼女には、人生に対する大きな情熱とあふれるユーモアのセンスがあった。

She had an ＿＿＿＿＿＿＿ s＿＿＿ of h＿＿＿ along with a great passion for life.

⑥ この写真の照明はかなりお粗末で、私が幽霊みたいに見えている。

The l＿＿＿＿ in this photo is pretty ＿＿＿＿, and I look like a ghost.

答え合わせをしましょう。さらに自分でも使えるよう、音声のあとについてリピートしてみましょう。

① 私は、詩を書くこととなると不器用なのは分かっているが、ちょっとした楽しみのためだけにやっている。

I know I'm inept when it comes to writing poetry, but I do it for a little fun.

when it comes to ～の形で「～と言えば、～のこととなると」の意味です。

② 食品産業は、人は生まれながらに甘味を好むようだということをよく分かっている。

The food industry knows well that people seem to have an inherent taste for sweet flavors.

③ あなた方一人一人が、プロジェクトチームに欠かせない存在だし、目標を達成するために不可欠だ。

Each one of you is an integral part of our project team and vital to achieving our goals.

④ あいにく私は大学時代に、仕事とは無関係な教科を勉強した。

Unfortunately, I studied subjects irrelevant to my career during my college days.

irrelevant to ～の形で「～と(は)無関係な」の意味を表します。

⑤ 彼女には、人生に対する大きな情熱とあふれるユーモアのセンスがあった。

She had an irrepressible sense of humor along with a great passion for life.

⑥ この写真の照明はかなりお粗末で、私が幽霊みたいに見えている。

The lighting in this photo is pretty lousy, and I look like a ghost.

Exercises

①左の**1.〜6.**の単語に合う意味を右の**あ〜か**から選び、カッコに記入しましょう。問題の一部は前の課からの出題です（答えはこのページ下にあります）。

1. inherent 　　[　　] 　　**あ** トラブルメーカーの、はた迷惑な

2. irrepressible 　[　　] 　　**い** 抑えきれない、活力に満ちあふれた

3. lousy 　　　　[　　] 　　**う** 徐々に増える、ゆっくりとした、漸進的な

4. heinous 　　 [　　] 　　**え** 本来備わっている、内在する、生来の

5. hell-raising 　 [　　] 　　**お** 凶悪な、最悪の、ひどい

6. incremental 　 [　　] 　　**か** お粗末な、ひどい

②左の**a.〜f.**の英語の定義に合う単語を右の**あ〜か**から選び、カッコに記入しましょう。問題の一部は前の課からの出題です（答えはこのページ下にあります）。

a. not applicable or pertinent; not relevant 　[　　] 　　**あ** homogeneous

い irrelevant

b. essential; necessary for completeness 　[　　] 　　**う** hilarious

c. incompetent; ineffectual 　[　　] 　　**え** integral

d. extremely funny 　[　　] 　　**お** inept

e. distinguished; outstanding 　[　　] 　　**か** illustrious

f. of the same kind or nature; similar in structure 　[　　]

単語を例文と共に学びましょう。音声を使ってリピート練習すると、よりよく覚えられます。英語の定義（イタリック部分）にも目を通しておきましょう。

253 malleable [mǽliəbl]

適応力のある、柔軟な

adaptable; capable of being trained

例文 The animal is still young and malleable. (その動物はまだ幼くて適応力がある)

254 murky [mə́ːrki]   SVL11

曖昧な、はっきりしない

obscure; vague; unclear; confused

例文 Mr. Davis never mentioned his murky past. (デービス氏は、自分の秘密めいた過去について決して語らなかった)

※「(空が)どんより曇った」や「(水が)濁った」といった意味でも使われます。

255 nimble [nímbl]   SVL11

素早い、機敏な

alert; mentally quick

例文 A nimble mind will produce fresh new ideas. (回転の速い頭脳は、斬新なアイデアを生む)

256 omniscient [ɑmníʃənt]　　SVL12

すべてを知り尽くしている、全知の

having complete or unlimited knowledge, awareness or understanding; knowing all things

例文 The cameras allow the guards to be omniscient. (監視カメラを通して、警備員たちは隅々まで様子を把握することができる)

※「全治、無限の英知」の意味のomniscienceも併せて覚えておきましょう。

257 ongoing [ɑ́ngòuiŋ]　　SVL8

継続している、進行中の

in process; continuing without interruption

例文 I'm in an ongoing battle with my neighbor. (私は隣人と、けんか中だ)

※go on(継続する、進行する)という動詞句が転じた形容詞と考えましょう。

258 optimal [ɑ́ptəməl]

最善の、最適の、最も望ましい

best; most favorable or desirable

例文 This hillside would be the optimal place for a wind farm. (この丘陵地なら風力発電所にうってつけだろう)

※同じ意味でoptimumという語形もあります。

ミッシェル・オバマ(第44代米大統領夫人)のインタビューより
Kids are malleable and they're also open to learning.
子どもたちは柔軟で、また抵抗なく学びます。

例文の復習です。日本語の意味になるよう、空欄を埋めましょう。埋められなかった場合には、前の見開きページに戻って確認しましょう（答えはこのページ下にあります）。

① その動物はまだ幼くて適応力がある。

The animal is still young and ma_____.

② デービス氏は、自分の秘密めいた過去について決して語らなかった。

Mr. Davis never mentioned his mu____ past.

③ 回転の速い頭脳は、斬新なアイデアを生む。

A ni_____ mind will produce fresh new ideas.

④ 監視カメラを通して、警備員たちは隅々まで様子を把握することができる。

The cameras allow the guards to be om_____.

⑤ 私は隣人と、けんか中だ。

I'm in an on_____ battle with my neighbor.

⑥ この丘陵地なら風力発電所にうってつけだろう。

This hillside would be the op_____ place for a wind farm.

先ほどより例文が長くなります。ヒントも参考にしながら、日本語の意味になるよう空欄を埋めましょう（答えは次のページにあります）。

① ペットの訓練は、その動物がまだ幼くて適応力があるうちのほうが簡単だ。

Training a pet is easier when the animal is s_____ y_____ and _____.

② デービス氏は、当社が彼を雇用する前に、自分の秘密めいた過去について決して語らなかった。

Mr. Davis never mentioned his _____p____ before we hired him.

「秘密めいた過去」は、「あいまいではっきりしない過去」と考えましょう。

③ 回転の速い頭脳は斬新なアイデアを生み、創造的な解決法を思いつく。

A _____ m____ will p_____ fresh new i_____ and come up with creative solutions.

④ ショッピングモールに設置された全監視カメラを通して、警備員たちは隅々まで様子を把握することができる。

All the cameras installed in the shopping mall a_____ the g_____ to be _____.

「隅々まで様子を把握する」は、「全てを知り尽くす」と考えましょう。

⑤ 私は隣人と、彼の飼い犬が夜中、ほえることについてけんか中だ。

I'm in an _____ b_____ w____ my neighbor about his dogs barking at night.

⑥ あらゆる選択肢を検討した結果、この丘陵地なら風力発電所にうってつけだろうと判断した。

After examining all the options, it was decided that this hillside would be the _____ p_____ f__ a wind farm.

答え合わせをしましょう。さらに自分でも使えるよう、音声のあとについてリピートしてみましょう。

① ペットの訓練は、その動物がまだ幼くて適応力があるうちのほうが簡単だ。

Training a pet is easier when the animal is still young and malleable.

② デービス氏は、当社が彼を雇用する前に、自分の秘密めいた過去について決して語らなかった。

Mr. Davis never mentioned his murky past before we hired him.

③ 回転の速い頭脳は斬新なアイデアを生み、創造的な解決法を思いつく。

A nimble mind will produce fresh new ideas and come up with creative solutions.

このmindは「頭脳、思考力」の意味を表しています。

④ ショッピングモールに設置された全監視カメラを通して、警備員たちは隅々まで様子を把握することができる。

All the cameras installed in the shopping mall allow the guards to be omniscient.

⑤ 私は隣人と、彼の飼い犬が夜中、ほえることについてけんか中だ。

I'm in an ongoing battle with my neighbor about his dogs barking at night.

a battle with ～の形で「～との争い」の意味を表します。

⑥ あらゆる選択肢を検討した結果、この丘陵地なら風力発電所にうってつけだろうと判断した。

After examining all the options, it was decided that this hillside would be the optimal place for a wind farm.

Exercises

①左の**1.**～**6.**の単語に合う意味を右の**あ～か**から選び、カッコに記入しましょう。問題の一部は前の課からの出題です（答えはこのページ下にあります）。

1. nimble   [   ]   **あ** すべてを知り尽くしている、全知の

2. optimal   [   ]   **い** 最善の、最適の、最も望ましい

3. omniscient   [   ]   **う** 不器用な、下手な

4. inept   [   ]   **え** 無関係な

5. irrelevant   [   ]   **お** 絶対必要な、必須の

6. integral   [   ]   **か** 素早い、機敏な

②左の**a.**～**f.**の英語の定義に合う単語を右の**あ～か**から選び、カッコに記入しましょう。問題の一部は前の課からの出題です（答えはこのページ下にあります）。

a. adaptable; capable of being trained   [   ]   **あ** inherent

b. in process; continuing without interruption   [   ]   **い** irrepressible

       う ongoing

c. obscure; vague; unclear; confused   [   ]   **え** lousy

d. inferior; poor   [   ]   **お** murky

e. existing in someone or something as a natural and inseparable element, quality or attribute   [   ]   **か** malleable

f. incapable of being restrained; uncontrollable   [   ]

● Exercises の答え

① 1. か   2. い   3. あ   4. う   5. え   6. お

② a. か   b. う   c. お   d. え   e. あ   f. い

単語を例文と共に学びましょう。音声を使ってリピート練習すると、よりよく覚えられます。英語の定義(イタリック部分)にも目を通しておきましょう。

---

259 **outrageous** [autréidʒəs]　　SVL9

奇想天外な、とんでもない

grossly offensive or shocking

例文 This author has an outrageous imagination.

(この作者はとんでもない創造力の持ち主だ)

※名詞形・動詞形はoutrageです。それぞれ「激怒、残虐行為」「~に激怒する、~に暴行する」といった、形容詞形より深刻な意味を表します。

---

260 **overzealous** [òuvərzéləs]

熱心すぎる、熱意が有り余って

excessively full of zeal; enthusiastic or fervent

例文 Excuse my overzealous use of filters. (勢い余って写真の加工フィルターを使いすぎているので、ご容赦を)

※「熱心な」の意味を表す形容詞 zealous に、「過度」の意味を持つ接頭辞 over- が組み合わされてできた語と考えると分かりやすいでしょう。

---

261 **pensive** [pénsiv]　　SVL12

ふさぎこんだ、物思いにふけった

expressing or revealing thoughtfulness, often with some sadness

例文 I'm feeling pensive tonight. (今夜は物思いにふけっている)

274

262 poignant [pɔ́injɔnt]　SVL11

痛切な、強烈な、心を打つ

emotionally moving or touching

例文 It is a poignant moment in the play.（それは劇中で心を打つ瞬間だ）

263 precarious [prikɛ́əriəs]　SVL9

当てにならない、不安定な

uncertain; insecure; dependent upon circumstances

例文 The tent was in a precarious position.（テントは不安定な状態だった）

264 presumptuous [prizʌ́mptʃuəs]

厚かましい、生意気な、差し出がましい

too forward or bold

例文 Wouldn't it be presumptuous of me to join you?（ご一緒するのは、厚かましくありませんか？）

※「厚かましさ、仮定」を表す名詞形 presumption も併せて覚えておきましょう。

ダニエル・デイ・ルイス（映画『リンカーン』主演俳優）のインタビューより

I'd love to believe that Lincoln has influenced me, but it seems somehow almost presumptuous to assume that it will.

『リンカーン』への出演に影響を受けたと信じたいところですが、そう思い込むのは、どこかずうずうしいような気がします。

例文の復習です。日本語の意味になるよう、空欄を埋めましょう。埋められなかった場合には、前の見開きページに戻って確認しましょう（答えはこのページ下にあります）。

① この作者はとんでもない創造力の持ち主だ。

This author has an ou_____ imagination.

② 勢い余って写真の加工フィルターを使いすぎているので、ご容赦を。

Excuse my ov_____ use of filters.

③ 今夜は物思いにふけっている。

I'm feeling pe_____ tonight.

④ それは劇中で心を打つ瞬間だ。

It is a po_____ moment in the play.

⑤ テントは不安定な状態だった。

The tent was in a pr_____ position.

⑥ ご一緒するのは、厚かましくありませんか？

Wouldn't it be pr_____ of me to join you?

●Reviewの答え
① outrageous　② overzealous　③ pensive　④ poignant　⑤ precarious
⑥ presumptuous

先ほどより例文が長くなります。ヒントも参考にしながら、日本語の意味になるよう空欄を埋めましょう（答えは次のページにあります）。

① この作者はとんでもない想像力の持ち主で、次に何が起こるか予想がつかない。

This author has an ＿＿＿＿＿＿＿ i＿＿＿＿＿＿＿, and there's no telling what's going to happen.

「とんでもない想像力の持ち主だ」は、「とんでもない想像力を持っている」と考えましょう。

② 勢い余って写真の加工フィルターを使いすぎているので、少し不自然ですがご容赦を。

Please excuse my ＿＿＿＿＿＿＿ u＿＿ of filters on my photos, making them look a little unnatural.

③ 今夜は、友人の葬式に参列したあと、物思いにふけっている。

I'm f＿＿＿＿ ＿＿＿＿＿ tonight after attending the funeral of a friend today.

④ ジュリエットがロミオの遺体を発見するのは、劇中で心を打つ瞬間だ。

It is a ＿＿＿＿＿＿ m＿＿＿＿ in the play when Juliet discovers Romeo's body.

⑤ テントは不安定な状態だったので、私たちはその晩よく眠れなかった。

The tent was ＿＿ a ＿＿＿＿＿＿＿ p＿＿＿＿＿, and we didn't sleep well that night.

⑥ 貴社の周年パーティーに私がご一緒するのは、厚かましくありませんか？

Wouldn't it be ＿＿＿＿＿＿＿ ＿＿ me to j＿＿＿ you at your company's anniversary party?

「私がご一緒するのは厚かましい」の部分には、前置詞とto不定詞を用います。

答え合わせをしましょう。さらに自分でも使えるよう、音声のあとについてリピートしてみましょう。

① この作者はとんでもない想像力の持ち主で、次に何が起こるか予想がつかない。

This author has an outrageous imagination, and there's no telling what's going to happen.

② 勢い余って写真の加工フィルターを使いすぎているので、少し不自然ですがご容赦を。

Please excuse my overzealous use of filters on my photos, making them look a little unnatural.

③ 今夜は、友人の葬式に参列したあと、物思いにふけっている。

I'm feeling pensive tonight after attending the funeral of a friend today.

feel pensive の形で「ふさいだ気持ちでいる」という意味を表しています。

④ ジュリエットがロミオの遺体を発見するのは、劇中で心を打つ瞬間だ。

It is a poignant moment in the play when Juliet discovers Romeo's body.

⑤ テントは不安定な状態だったので、私たちはその晩よく眠れなかった。

The tent was in a precarious position, and we didn't sleep well that night.

⑥ 貴社の周年パーティーに私がご一緒するのは、厚かましくありませんか?

Wouldn't it be presumptuous of me to join you at your company's anniversary party?

presumptuous of me と of を使うことで、「厚かましい」のが「私」であることが表されます。

278

①左の1.〜6.の単語に合う意味を右の**あ〜か**から選び、カッコに記入しましょう。問題の一部は前の課からの出題です（答えはこのページ下にあります）。

1. pensive　　　　　[　　] 　**あ** 厚かましい、生意気な、差し出がましい

2. presumptuous　[　　] 　**い** 継続している、進行中の

3. precarious　　　[　　] 　**う** 当てにならない、不安定な

4. ongoing　　　　 [　　] 　**え** ふさぎこんだ、物思いにふけった

5. malleable　　　　[　　] 　**お** 曖昧な、はっきりしない

6. murky　　　　　 [　　] 　**か** 適応力のある、柔軟な

②左のa.〜f.の英語の定義に合う単語を右の**あ〜か**から選び、カッコに記入しましょう。問題の一部は前の課からの出題です（答えはこのページ下にあります）。

a. excessively full of zeal; enthusiastic or　[　　]　**あ** optimal
fervent　　　　　　　　　　　　　　　　　　　　　　　　　**い** outrageous

b. grossly offensive or shocking　　　　　　[　　]　**う** nimble

c. emotionally moving or touching　　　　　[　　]　**え** poignant

d. having complete or unlimited　　　　　　[　　]　**お** overzealous
knowledge, awareness or
understanding; knowing all things　　　　　　　　　**か** omniscient

e. best; most favorable or desirable　　　　[　　]

f. alert; mentally quick　　　　　　　　　　[　　]

単語を例文と共に学びましょう。音声を使ってリピート練習すると、よりよく覚えられます。英語の定義（イタリック部分）にも目を通しておきましょう。

---

265 **problematic** [prὰbləmǽtik]　　SVL8

問題のある、疑問の余地のある

unsettled; uncertain; questionable

例文 I've circled the parts that seem problematic.

（問題がありそうな部分に丸をつけた）

※「問題、疑問」の意味を表す problem が名詞形です。

---

266 **prosthetic** [prɑsθétik]

人工装具の

of or relating to an artificial body part

例文 I have a lifelike prosthetic foot. （私は本物そっくりの義足を付けている）

※医学用語ですが、一般にも使われます。名詞形 prosthesis（人工装具、人工器官）も併せて覚えておきましょう。

---

267 **psychiatric** [sàikiǽtrik]　　SVL10

精神科の、精神医学の

of or relating to mental or emotional processes

例文 Fear of leaving home can be a serious psychiatric problem. （外出への恐怖感は、深刻な精神医学的問題になりうる）

※発音に注意。関連語の psychiatrist（精神科医）も併せて覚えましょう。

268 **quirky** [kwə́ːɾki]

独特の、一風変わった

having or characterized by peculiar or unexpected traits or mannerisms

例文 I like this actor because he seems so quirky.
（この俳優は風変わりに見えて好きだ）

269 **reflexive** [rifléksiv]

反射的な

automatic; unthinking

例文 My reaction to the sudden noise was reflexive.（突然の物音に反射的に反応した）

270 **repetitive** [ripétətiv]　　　SVL10

繰り返しの多い、反復的な

happening a number of times in a similar way

例文 Many repetitive factory jobs can be done by robots.（工場での反復作業の多くは、ロボットが行える）

※名詞形はrepetition（反復）、動詞形はrepeat（[〜を]繰り返す）です。

コリン・ジョイス（ジャーナリスト）のインタビューより

You might get to write every day, and you might be very detailed on that one area, but the job is a little repetitive, I think.

あなたは毎日記事を書くでしょうし、1つの領域については非常に詳しくなるかもしれませんが、仕事は若干、繰り返しになると思います。

例文の復習です。日本語の意味になるよう、空欄を埋めましょう。埋められなかった場合には、前の見開きページに戻って確認しましょう（答えはこのページ下にあります）。

① 問題がありそうな部分に丸をつけた。

I've circled the parts that seem pr_____.

② 私は本物そっくりの義足を付けている。

I have a lifelike pr_____ foot.

③ 外出への恐怖感は、深刻な精神医学的問題になりうる。

Fear of leaving home can be a serious ps_____ problem.

④ この俳優は風変わりに見えて好きだ。

I like this actor because he seems so qu_____.

⑤ 突然の物音に反射的に反応した。

My reaction to the sudden noise was re_____.

⑥ 工場での反復作業の多くは、ロボットが行える。

Many re_____ factory jobs can be done by robots.

先ほどより例文が長くなります。ヒントも参考にしながら、日本語の意味になるよう空欄を埋めましょう（答えは次のページにあります）。

① 総じて、かなり良いエッセーだと思うが、問題がありそうな部分に丸をつけた。

In general, it is a fairly good essay, but I've circled the p_____ that s____ _____.

② 私は本物そっくりの義足を付けており、ほとんどの人はそれを知らない。

I have a l_____ _____ foot, and most people don't even realize that I have it.

「義足」は、「人工装具の足」と表現します。

③ 外出への恐怖感は、人生を楽しめなくなるという、深刻な精神医学的問題になりうる。

Fear of leaving home can be a s_____ _____ p_____ that can keep a person from enjoying life.

④ この俳優はとても風変わりに見えて楽しそうなので、なんとなく好きだ。

I kind of like this actor because he s_____ so _____ and full of fun.

⑤ 突然の物音に反射的に反応し、飛び上がって頭を打った。

My r_____ to the s_____ n_____ was _____, and I jumped up and hit my head.

「突然の物音に反射的に反応し」は、「突然の物音に対する反応は反射的だった」と表現しましょう。

⑥ 工場での反復作業の多くはロボットが行えるので、人間をより興味深い仕事へ解放する。

Many _____ f_____ j____ can be done by robots, freeing humans up for more interesting ones.

答え合わせをしましょう。さらに自分でも使えるよう、音声のあとについてリピートしてみましょう。

① 総じて、かなり良いエッセーだと思うが、問題がありそうな部分に丸をつけた。

In general, it is a fairly good essay, but I've circled the parts that seem problematic.

② 私は本物そっくりの義足を付けており、ほとんどの人はそれを知らない。

I have a lifelike prosthetic foot, and most people don't even realize that I have it.

ほかにも a prosthetic arm（義手）、a prosthetic heart valve（人工心臓弁）など、この形容詞を使ってさまざまな人工装具・器官が表現されます。

③ 外出への恐怖感は、人生を楽しめなくなるという、深刻な精神医学的問題になりうる。

Fear of leaving home can be a serious psychiatric problem that can keep a person from enjoying life.

④ この俳優はとても風変わりに見えて楽しそうなので、なんとなく好きだ。

I kind of like this actor because he seems so quirky and full of fun.

文の前半にある kind of は、「なんだか、なんとなく」と意味の副詞句です。

⑤ 突然の物音に反射的に反応し、飛び上がって頭を打った。

My reaction to the sudden noise was reflexive, and I jumped up and hit my head.

⑥ 工場での反復作業の多くはロボットが行えるので、人間をより興味深い仕事へ解放する。

Many repetitive factory jobs can be done by robots, freeing humans up for more interesting ones.

Exercises

①左の**1.**〜**6.**の単語に合う意味を右の**あ〜か**から選び、カッコに記入しましょう。問題の一部は前の課からの出題です（答えはこのページ下にあります）。

1. psychiatric 　[　　] 　**あ** 精神科の、精神医学の

2. problematic 　[　　] 　**い** 熱心すぎる、熱意が有り余って

3. repetitive 　[　　] 　**う** 奇想天外な、とんでもない

4. outrageous 　[　　] 　**え** 問題のある、疑問の余地のある

5. overzealous 　[　　] 　**お** 痛切な、強烈な、心を打つ

6. poignant 　[　　] 　**か** 繰り返しの多い、反復的な

②左の**a.**〜**f.**の英語の定義に合う単語を右の**あ〜か**から選び、カッコに記入しましょう。問題の一部は前の課からの出題です（答えはこのページ下にあります）。

a. having or characterized by peculiar or unexpected traits or mannerisms 　[　　] 　**あ** presumptuous

い quirky

b. of or relating to an artificial body part 　[　　] 　**う** pensive

c. automatic; unthinking 　[　　] 　**え** prosthetic

d. expressing or revealing thoughtfulness, often with some sadness 　[　　] 　**お** precarious

か reflexive

e. uncertain; insecure; dependent upon circumstances 　[　　]

f. too forward or bold 　[　　]

● Exercises の答え

① 1. あ　2. え　3. か　4. う　5. い　6. お

② a. い　b. え　c. か　d. う　e. お　f. あ

単語を例文と共に学びましょう。音声を使ってリピート練習すると、よりよく覚えられます。英語の定義（イタリック部分）にも目を通しておきましょう。

---

271 resolute [rézəljùːt]　　　SVL8

決然とした、意志の固い

firmly determined or resolved

例文 She was resolute about finishing her Ph.D. (彼女は博士課程を修了しようと決意していた)

※「決意、決議」の意味を表す名詞形 resolution も併せて覚えておきましょう。

---

272 rife [ráif]　　　SVL11

（うわさが）飛び交って、はびこって

widespread; of common or frequent occurrence

例文 Rumors about the company's bankruptcy were rife. (その会社の倒産のうわさが飛び交った)

---

273 salient [séiliənt]　　　SVL12

目立った、顕著な、際立った

notable or most important

例文 Linda's comments are not salient to this project. (リンダの意見はこの企画には重要ではない)

※「顕著な特徴、突出」の意味を表す名詞形 salience も併せて覚えておきましょう。

274 selfless [sélflɪs]

無私の、無欲の

having little or no concern for one's own self, especially with regard to fame, money, etc.

例文 I wish I were as selfless as you. （あなたのように無欲だったらと思う）

275 sequestered [sikwéstərd]

隔離された、孤立した、引きこもった

secluded; removed from others

例文 The casino is in a sequestered section. （カジノは、隔絶された一角にある）

※原則的に名詞の前に置かれる形（限定用法）で使われる形容詞です。

276 sheer [ʃíər] SVL6

純粋な、まったくの

absolute; utter

例文 We admire the sheer genius of Albert Einstein. （私たちはアルバート・アインシュタインの真の才能を尊敬している）

※原則的に名詞の前に置かれる形（限定用法）で使われる形容詞です。

リサ・ランドール（理論物理学者）のインタビューより

As you get older, you get more curious about the rest of the world; it's harder to just stay sequestered.

歳を重ねるにつれて、他の世界にもっと興味がわき、その世界だけに留まっているのは難しくなります。

Review

例文の復習です。日本語の意味になるよう、空欄を埋めましょう。埋められなかった場合には、前の見開きページに戻って確認しましょう(答えはこのページ下にあります)。

① 彼女は博士課程を修了しようと決意していた。

She was re_____ about finishing her Ph.D.

② その会社の倒産のうわさが飛び交った。

Rumors about the company's bankruptcy were ri__.

③ リンダの意見はこの企画には重要ではない。

Linda's comments are not sa_____ to this project.

④ あなたのように無欲だったらと思う。

I wish I were as se_____ as you.

⑤ カジノは、隔絶された一角にある。

The casino is in a se_____ section.

⑥ 私たちはアルバート・アインシュタインの真の才能を尊敬している。

We admire the sh____ genius of Albert Einstein.

●**Review の答え**

288 ① resolute ② rife ③ salient ④ selfless ⑤ sequestered ⑥ sheer

先ほどより例文が長くなります。ヒントも参考にしながら、日本語の意味になるよう空欄を埋めましょう（答えは次のページにあります）。

① 彼女は病気にもかかわらず、年末には博士課程を修了しようと決意していた。

Despite her illness, she was ＿＿＿＿＿ a＿＿＿ f＿＿＿＿＿ her Ph.D. by the year's end.

② その会社の倒産のうわさが飛び交ったが、まったくのでたらめだった。

R＿＿＿＿ about the company's bankruptcy w＿＿ ＿＿＿, but they weren't at all true.

③ リンダの意見はとても興味深いが、この企画には重要ではない。

Linda's comments are very interesting, but they are not ＿＿＿＿＿ ＿＿ this p＿＿＿＿.

④ あなたのように無欲だったらと思うけれど、私はそういうふうには人間ができていない。

I wish I were ＿＿ ＿＿＿＿＿ ＿＿ y＿＿, but I'm just not made that way.

「あなたのように」は、「あなたと同じくらい」と考えましょう。

⑤ カジノは、そのリゾートの静かで隔絶された一角にある。

The casino is located in a quiet, ＿＿＿＿＿＿ s＿＿＿＿ of the resort.

⑥ 私たちはアルバート・アインシュタインの真の才能と、科学と物理学への素晴らしい貢献を尊敬している。

We admire the ＿＿＿＿ g＿＿＿＿ ＿＿ Albert Einstein and his great contributions to the fields of science and physics.

答え合わせをしましょう。さらに自分でも使えるよう、音声のあとについてリピートしてみましょう。

① 彼女は病気にもかかわらず、年末には博士課程を修了しようと決意していた。

Despite her illness, she was resolute about finishing her Ph.D. by the year's end.

② その会社の倒産のうわさが飛び交ったが、まったくのでたらめだった。

Rumors about the company's bankruptcy were rife, but they weren't at all true.

③ リンダの意見はとても興味深いが、この企画には重要ではない。

Linda's comments are very interesting, but they are not salient to this project.

④ あなたのように無欲だったらと思うけれど、私はそういうふうには人間ができていない。

I wish I were as selfless as you, but I'm just not made that way.

as A as B（Bと同じくらいA）のAに形容詞を用いる形は頻出するので、押さえておきましょう。なお、I were のwereは仮定法過去です。

⑤ カジノは、そのリゾートの静かで隔絶された一角にある。

The casino is located in a quiet, sequestered section of the resort.

⑥ 私たちはアルバート・アインシュタインの真の才能と、科学と物理学への素晴らしい貢献を尊敬している。

We admire the sheer genius of Albert Einstein and his great contributions to the fields of science and physics.

① 左の **1.**～**6.** の単語に合う意味を右の**あ〜か**から選び、カッコに記入しましょう。問題の一部は前の課からの出題です（答えはこのページ下にあります）。

1. sequestered	[ ]	**あ** 独特の、一風変わった
2. selfless	[ ]	**い** 反射的な
3. sheer	[ ]	**う** 無私の、無欲の
4. prosthetic	[ ]	**え** 純粋な、まったくの
5. quirky	[ ]	**お** 人工装具の
6. reflexive	[ ]	**か** 隔離された、孤立した、引きこもった

② 左の **a.**～**f.** の英語の定義に合う単語を右の**あ〜か**から選び、カッコに記入しましょう。問題の一部は前の課からの出題です（答えはこのページ下にあります）。

a. widespread; of common or frequent occurrence	[ ]	**あ** psychiatric
		い repetitive
b. firmly determined or resolved	[ ]	**う** salient
c. notable or most important	[ ]	**え** rife
d. happening a number of times in a similar way	[ ]	**お** problematic
		か resolute
e. of or relating to mental or emotional processes	[ ]	
f. unsettled; uncertain; questionable	[ ]	

単語を例文と共に学びましょう。音声を使ってリピート練習すると、よりよく覚えられます。英語の定義（イタリック部分）にも目を通しておきましょう。

---

277 **slick** [slík]　　　　　　　　　　　　SVL10

如才ない、巧みな

smooth in manners or speech; sly

例文 The car salesperson had a slick manner of speaking. （その車の営業マンの話し方は巧みだった）

---

278 **split-second** [splítsékənd]

瞬間的な、瞬時の

nearly instantly

例文 It takes split-second timing to be a good tennis player. （優れたテニス選手になるには、瞬時の判断力が必要だ）

※ second（秒）をさらに split（[〜を]分ける）するほど「短い時間の」というニュアンスの形容詞と捉えるといいでしょう。

---

279 **steerable** [stíərəbl]

操縦可能な、可動式の

capable of being guided or directed

例文 My bicycle was no longer steerable. （私の自転車はもはや動かなくなった）

※「（〜を）操縦する」の意味を表す動詞 steer に、可能の意味の接尾辞 -able が組み合わされてできた形容詞と考えると分かりやすいでしょう。

280 submissive [səbmísɪv]　　　`SVL9`

従順な、服従的な

docile; inclined or ready to obey

例文 My boss does not want us to be submissive with him. （私の上司は、私たちが従順であることを望んでいない）

※動詞形 submit（服従する、〜に服従させる）も併せて覚えておきましょう。

281 subnational [səbnǽʃənl]

国より下のレベルの、地方の

relating to a region or group within a nation

例文 This restaurant chain is a subnational one. （このレストランチェーンは、地方展開している）

282 subservient [səbsə́ːrviənt]

補助的な働きをする、副次的な、従属する

of service or acting in a subordinate capacity

例文 Jennifer started out in a subservient job. （ジェニファーは、補佐的な仕事からスタートした）

ポール・コリアー（経済学者）のインタビューより

In that society, people's identities are largely subnational, at the level of a tribe rather than at the level of the nation.

その社会では、人々のアイデンティティーはたいてい国より下のレベル、国家レベルでなく種族レベルにあるのです。

例文の復習です。日本語の意味になるよう、空欄を埋めましょう。埋められなかった場合には、前の見開きページに戻って確認しましょう（答えはこのページ下にあります）。

① その車の営業マンの話し方は巧みだった。

The car salesperson had a sl___ manner of speaking.

② 優れたテニス選手になるには、瞬時の判断力が必要だ。

It takes sp___-_____ timing to be a good tennis player.

③ 私の自転車はもう動かなくなった。

My bicycle was no longer st_____.

④ 私の上司は、私たちが従順であることを望んでいない。

My boss does not want us to be su_____ with him.

⑤ このレストランチェーンは、地方展開している。

This restaurant chain is a su_____ one.

⑥ ジェニファーは、補佐的な仕事からスタートした。

Jennifer started out in a su_____ job.

先ほどより例文が長くなります。ヒントも参考にしながら、日本語の意味になるよう空欄を埋めましょう（答えは次のページにあります）。

① その車の営業マンの話し方があまりにも巧みだったので、信用しなかった。

I didn't trust the car salesperson because he had such a _____ m_____ of s_____.

「話し方」を表す定型的な名詞句を、「巧妙な」の意味の形容詞で修飾します。

② 優れたテニス選手になるには、瞬時の判断力と共に運動能力が必要だ。

It takes athletic abilities along with _____-_____ t_____ to be a good tennis player.

③ 前輪がパンクして、私の自転車はもはや動かなくなった。

When my front tire was punctured, my bicycle was no l_____ _____.

「動かなくなった」は、「操縦できなくなった」と考えましょう。

④ 私の上司は、私たちが従順であることを望まず、リーダーシップを発揮することを好む。

My boss does not w____ us to b_ _____ with him and likes it when we show leadership qualities.

⑤ このレストランチェーンは地方展開しており、主に西海岸に見られる。

This restaurant chain is a _____ o___, mainly found on the West Coast.

ここでは「レストランチェーンの一つ」を表す不定代名詞を使って表現しましょう。

⑥ ジェニファーは、補佐的な仕事からスタートして、社長にまで上り詰めた。

Jennifer s_____ out in a _____ j___ and worked her way up to becoming company president.

答え合わせをしましょう。さらに自分でも使えるよう、音声のあとについてリピートしてみましょう。

① その車の営業マンの話し方があまりにも巧みだったので、信用しなかった。

I didn't trust the car salesperson because he had such a slick manner of speaking.

a manner of speaking の形で「話し方」の意味を表します。

② 優れたテニス選手になるには、瞬時の判断力と共に運動能力が必要だ。

It takes athletic abilities along with split-second timing to be a good tennis player.

③ 前輪がパンクして、私の自転車はもはや動かなくなった。

When my front tire was punctured, my bicycle was no longer steerable.

no longer(もはや〜ない)は、形容詞と一緒によく用いられる否定の副詞句の一つです。

④ 私の上司は、私たちが従順であることを望まず、リーダーシップを発揮することを好む。

My boss does not want us to be submissive with him and likes it when we show leadership qualities.

⑤ このレストランチェーンは地方展開しており、主に西海岸に見られる。

This restaurant chain is a subnational one, mainly found on the West Coast.

この one は、不特定の restaurant chain を指しています。

⑥ ジェニファーは、補佐的な仕事からスタートして、社長にまで上り詰めた。

Jennifer started out in a subservient job and worked her way up to becoming company president.

文後半にある way up to 〜(〜まで上る、〜まで登る)を押さえておきましょう。

①左の1.〜6.の単語に合う意味を右の**あ〜か**から選び、カッコに記入しましょう。問題の一部は前の課からの出題です(答えはこのページ下にあります)。

1. slick	[　]	**あ** (うわさが)飛び交って、はびこって
2. split-second	[　]	**い** 操縦可能な、可動式の
3. steerable	[　]	**う** 決然とした、意志の固い
4. salient	[　]	**え** 目立った、顕著な、際立った
5. resolute	[　]	**お** 瞬間的な、瞬時の
6. rife	[　]	**か** 如才ない、巧みな

②左の**a.〜f.**の英語の定義に合う単語を右の**あ〜か**から選び、カッコに記入しましょう。問題の一部は前の課からの出題です(答えはこのページ下にあります)。

a. nearly instantly	[　]	**あ** selfless
b. docile; inclined or ready to obey	[　]	**い** sequestered
c. relating to a region or group within a nation	[　]	**う** subnational
		え split-second
d. absolute; utter	[　]	**お** submissive
e. having little or no concern for one's own self, especially with regard to fame, money, etc.	[　]	**か** sheer
f. secluded; removed from others	[　]	

単語を例文と共に学びましょう。音声を使ってリピート練習すると、よりよく覚えられます。英語の定義（イタリック部分）にも目を通しておきましょう。

---

283 **surreal** [sərí:əl]

現実離れした、シュールな

having the disorienting, hallucinatory quality of a dream; bizarre; fantastic

例文 Everything seemed surreal to me. （すべてがシュールに見えた）

※sur-という接頭辞は「超」の意味を持ちます。

---

284 **tangible** [tǽndʒəbl]　　　　SVL9

実体のある、具体的な

real or having actual form, rather than imaginary or visionary

例文 Our meeting produced no tangible results. （われわれの会議では目に見える結果は出なかった）

---

285 **tentative** [téntətiv]　　　　SVL9

試験的な、暫定的な、一時的な

not final or definite; experimental

例文 We have tentative plans to go to Mexico. （私たちにはメキシコに行く暫定的な計画がある）

286　**underprivileged** [Ándɚprívəlidʒd]

（社会的に）恵まれない

deprived of a decent standard of living

例文 Underprivileged children need our help. （恵まれない子どもたちには、私たちの助けが必要だ）

※ privileged（特権的な）に、「下回る」の意味の接頭辞 under- が付いた語。

287　**unorthodox** [Ànɔ́ːrθədɑks]　SVL10

正統でない、異端の、型破りな

not conforming to the usual beliefs, as of a doctrine or philosophy; unconventional

例文 I don't care if your sales methods are unorthodox. （あなたの販売方法が型破りであっても構わない）

※ orthodox（オーソドックスな、正統的な）の反意語です。

288　**unprecedented** [Ànprésədəntid]　SVL9

先例のない、かつてない

without previous instance; never before experienced or known

例文 A new type of watercraft can carry travelers at unprecedented speeds. （新しいタイプの船舶は、今までにないスピードで旅客を運べる）

エマ・トンプソン（女優）のインタビューより

The outsider comes into the place where there is difficulty and solves the problem using unorthodox methods and then must leave. That's a Western.

問題のある場所によそ者がやって来て、型破りな手段を使って問題を解決する。そして去って行かなければならない。これは西部劇です。

Review

例文の復習です。日本語の意味になるよう、空欄を埋めましょう。埋められなかった場合には、前の見開きページに戻って確認しましょう（答えはこのページ下にあります）。

① すべてがシュールに見えた。

Everything seemed su_____ to me.

② われわれの会議では目に見える結果は出なかった。

Our meeting produced no ta_____ results.

③ 私たちにはメキシコに行く暫定的な計画がある。

We have te_____ plans to go to Mexico.

④ 恵まれない子どもたちには、私たちの助けが必要だ。

Un_____ children need our help.

⑤ あなたの販売方法が型破りであっても構わない。

I don't care if your sales methods are un_____.

⑥ 新しいタイプの船舶は、今までにないスピードで旅客を運べる。

A new type of watercraft can carry travelers at un_____ speeds.

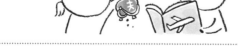

●Review の答え
① surreal　② tangible　③ tentative　④ Underprivileged
⑤ unorthodox　⑥ unprecedented

先ほどより例文が長くなります。ヒントも参考にしながら、日本語の意味になるよう空欄を埋めましょう（答えは次のページにあります）。

① 72時間徹夜したあと、私にはすべてがとてもシュールに見えた。

After not sleeping for 72 hours, e_____ s_____ so _____ to me.

② われわれの4時間に及ぶ会議では多くの話し合いがなされたが、残念ながら目に見える結果は出なかった。

Unfortunately, our four-hour meeting produced lots of talk but n_ _____ r_____.

butのあとは、全体がproducedの目的語になっていると考えましょう。

③ メキシコに行く暫定的な計画があるが、まだ旅費を捻出していない。

We h___ _____ p_____ to go to Mexico but have yet to come up with the money for the trip.

④ 恵まれない子どもたちには、貧困の悪循環から逃れるために私たちの助けが必要だ。

U_____ c_____ n____ our help to escape the vicious cycle of poverty.

⑤ 結果が出せるのであれば、あなたの販売方法が型破りであってもまったく構わない。

I really don't care if your s_____ m_____ are _____ as long as they produce results.

⑥ 新しいタイプの高速艇は、今までにないスピードで旅客を島まで運べる。

A new high-speed type of watercraft can carry travelers to the island ___ _____ s_____.

「今までにないスピードで」の「で」を、ある前置詞を用いて表現してください。

答え合わせをしましょう。さらに自分でも使えるよう、音声のあとについてリピートしてみましょう。

① 72時間徹夜したあと、私にはすべてがとてもシュールに見えた。

After not sleeping for 72 hours, everything seemed so surreal to me.

② われわれの4時間に及ぶ会議では多くの話し合いがなされたが、残念ながら目に見える結果は出なかった。

Unfortunately, our four-hour meeting produced lots of talk but no tangible results.

lots of talkとno tangible resultsの2つがproducedの目的語です。

③ メキシコに行く暫定的な計画があるが、まだ旅費を捻出していない。

We have tentative plans to go to Mexico but have yet to come up with the money for the trip.

文後半のcome up with 〜は「〜を工面する、〜を用意する」の意味です。

④ 恵まれない子どもたちには、貧困の悪循環から逃れるために私たちの助けが必要だ。

Underprivileged children need our help to escape the vicious cycle of poverty.

⑤ 結果が出せるのであれば、あなたの販売方法が型破りであってもまったく構わない。

I really don't care if your sales methods are unorthodox as long as they produce results.

⑥ 新しいタイプの高速艇は、今までにないスピードで旅客を島まで運べる。

A new high-speed type of watercraft can carry travelers to the island at unprecedented speeds.

Exercises

①左の**1.**〜**6.**の単語に合う意味を右の**あ〜か**から選び、カッコに記入しましょう。問題の一部は前の課からの出題です（答えはこのページ下にあります）。

1. surreal   [   ]   **あ** 国より下のレベルの、地方の

2. tentative   [   ]   **い** 現実離れした、シュールな

3. tangible   [   ]   **う** 従順な、服従的な

4. subnational   [   ]   **え** 補助的な働きをする、副次的な、従属する

5. submissive   [   ]   **お** 試験的な、暫定的な、一時的な

6. subservient   [   ]   **か** 実体のある、具体的な

②左の**a.**〜**f.**の英語の定義に合う単語を右の**あ〜か**から選び、カッコに記入しましょう。問題の一部は前の課からの出題です（答えはこのページ下にあります）。

a. not conforming to the usual beliefs, as   [   ]   **あ** unorthodox
of a doctrine or philosophy;
unconventional   **い** slick

う steerable

b. without previous instance; never   [   ]   **え** underprivileged
before experienced or known

お unprecedented

c. deprived of a decent standard of living   [   ]   **か** subservient

d. smooth in manners or speech; sly   [   ]

e. capable of being guided or directed   [   ]

f. of service or acting in a subordinate   [   ]
capacity

● Exercises の答え

① 1. い   2. お   3. か   4. あ   5. う   6. え

② a. あ   b. お   c. え   d. い   e. う   f. か

単語を例文と共に学びましょう。音声を使ってリピート練習すると、よりよく覚えられます。英語の定義（イタリック部分）にも目を通しておきましょう。

289 unthinkable [ʌ̀nθíŋkəbl]　SVL10

考えも及ばない、想像を絶する、とても不可能な

inconceivable; beyond the ability to understand

例文 It's unthinkable that she'd be able to do all that work. （彼女があの仕事すべてをできるなんて、信じられない）

※thinkable（考えられる、想像できる）に、否定の接頭辞 un- が付いた語です。

290 versatile [vɚ́ːrsətl]　SVL10

融通の利く、多面的な才能のある

capable of or adapted for turning easily from one task or occupation to another

例文 A good leader has to be very versatile. （優れた指導者は、非常に多才でなければならない）

※「多芸多才、多用途性」の意味を表す名詞形 versatility も併せて覚えておきましょう。

291 viable [váiəbl]　SVL10

実行可能な、現実味のある

workable; practicable

例文 This business plan seems viable. （このビジネスプランは実現できそうだ）

292 vibrant [váibrənt]　SVL11

力強い、活気のある

pulsating with life, vigor and energy

例文 Our city is a vibrant center for theater and music. （私たちの町は、演劇と音楽の活気ある中心地だ）

293 visceral [vísərəl]

感情をあらわにした、本能的な、根底からの

emotional, instinctive or intuitive, rather than intellectual

例文 The protesters had a visceral reaction. （抗議者たちは感情をあらわにした）

※元々、「内臓の」という意味があります。「内臓」を表す名詞viscusの複数形visceraから派生した形容詞です。

294 wary [wέəri]　SVL10

用心深い、慎重な

cautious; being on one's guard against danger

例文 Some of the evacuees are still wary of returning. （避難者の中には、戻ることにまだ慎重な人もいる）

※「ひどく疲れた」の意味のwearyと混同しないように注意しましょう。

例文の復習です。日本語の意味になるよう、空欄を埋めましょう。埋められなかった場合には、前の見開きページに戻って確認しましょう（答えはこのページ下にあります）。

① 彼女があの仕事すべてをできるなんて、信じられない。

It's un_____ that she'd be able to do all that work.

② 優れた指導者は、非常に多才でなければならない。

A good leader has to be very ve_____.

③ このビジネスプランは実現できそうだ。

This business plan seems vi_____.

④ 私たちの町は、演劇と音楽の活気ある中心地だ。

Our city is a vi_____ center for theater and music.

⑤ 抗議者たちは感情をあらわにした。

The protesters had a vi_____ reaction.

⑥ 避難者の中には、戻ることにまだ慎重な人もいる。

Some of the evacuees are still wa___ of returning.

●Reviewの答え
① unthinkable ② versatile ③ viable ④ vibrant ⑤ visceral ⑥ wary

先ほどより例文が長くなります。ヒントも参考にしながら、日本語の意味になるよう空欄を埋めましょう（答えは次のページにあります）。

① 彼女があの仕事すべてを手助けなしに1時間でできるなんて、信じられない。

It's _____ t____ she'd be able do all that work in an hour without any help.

② 優れた指導者は、非常に多才で、どんな状況にも対処できなければならない。

A good leader h__ to be very _____ and capable of handling any situation.

③ まだ、いろいろな工夫が必要だが、このビジネスプランは実現できそうだ。

It still needs a lot of work, but this b_____ p____ seems _____.

④ 私たちの町は演劇と音楽の活気ある中心地として世界中によく知られている。

Our city is well-known around the world as a _____ c_____ f__ theater and music.

⑤ ドナルド・トランプが教会の外で行った写真撮影の演出に、抗議者たちは感情をあらわにした。

The p_____ had a _____ r_____ to Donald Trump's staged photo opportunity outside a church.

この「感情をあらわにした」は、「感情あらわな反応を持った」と捉え、形容詞＋名詞の形で表現してみましょう。

⑥ 避難者の中には、かつて住んでいた場所に戻ることにまだ慎重な人もいる。

Some of the e_____ are still very _____ of r_____ to the place where they once lived.

「戻ることに慎重な」には、形容詞に加えて前置詞と動名詞を使ってみましょう。

答え合わせをしましょう。さらに自分でも使えるよう、音声のあとについてリピートしてみましょう。

① 彼女があの仕事すべてを手助けなしに1時間でできるなんて、信じられない。

It's unthinkable that she'd be able do all that work in an hour without any help.

② 優れた指導者は、非常に多才で、どんな状況にも対処できなければならない。

A good leader has to be very versatile and capable of handling any situation.

③ まだ、いろいろな工夫が必要だが、このビジネスプランは実現できそうだ。

It still needs a lot of work, but this business plan seems viable.

④ 私たちの町は演劇と音楽の活気ある中心地として世界中によく知られている。

Our city is well-known around the world as a vibrant center for theater and music.

⑤ ドナルド・トランプが教会の外で行った写真撮影の演出に、抗議者たちは感情をあらわにした。

The protesters had a visceral reaction to Donald Trump's staged photo opportunity outside a church.

⑥ 避難者の中には、かつて住んでいた場所に戻ることにまだ慎重な人もいる。

Some of the evacuees are still very wary of returning to the place where they once lived.

be wary of [about] -ing の形で「～することに慎重だ」の意味を表します。

①左の**1.**〜**6.**の単語に合う意味を右の**あ〜か**から選び、カッコに記入しましょう。問題の一部は前の課からの出題です（答えはこのページ下にあります）。

1. visceral	[　　]	**あ** 感情をあらわにした、本能的な、根底からの
2. vibrant	[　　]	
3. unthinkable	[　　]	**い** （社会的に）恵まれない
4. underprivileged	[　　]	**う** 正統でない、異端の、型破りな
5. unprecedented	[　　]	**え** 考えも及ばない、想像を絶する、とても不可能な
6. unorthodox	[　　]	
		お 先例のない、かつてない
		か 力強い、活気のある

②左の**a.**〜**f.**の英語の定義に合う単語を右の**あ〜か**から選び、カッコに記入しましょう。問題の一部は前の課からの出題です（答えはこのページ下にあります）。

a. cautious; being on one's guard against danger	[　　]	**あ** tentative
b. capable of or adapted for turning easily from one task or occupation to another	[　　]	**い** viable
		う surreal
c. workable; practicable	[　　]	**え** wary
d. having the disorienting, hallucinatory quality of a dream; bizarre; fantastic	[　　]	**お** versatile
		か tangible
e. real or having actual form, rather than imaginary or visionary	[　　]	
f. not final or definite; experimental	[　　]	

単語を例文と共に学びましょう。音声を使ってリピート練習すると、よりよく覚えられます。英語の定義（イタリック部分）にも目を通しておきましょう。

295 aesthetically [esθétikəli]

審美的に、美的に

in a manner relating to art or beauty

例文 This painting is not aesthetically pleasing. （この絵画は、見た目に美しいものではない）

296 arguably [á:rgjuəbli]

ほぼ間違いなく、おそらく

used when stating an opinion or belief that you think can be supported

例文 You are arguably the best hitter on our baseball team. （あなたはほぼ間違いなく、わが野球チームの最強打者だ）

※形容詞の arguable（議論の余地のある、疑わしい）に対して、副詞 arguably は譲歩のニュアンスを含む点に注意しましょう。

297 inevitably [inévətəbli]　　SVL6

必然的に、否応なく

in a way that cannot be escaped or avoided; certain to happen

例文 The beach will inevitably be crowded. （ビーチはどうしたって混雑するだろう）

※類義語の naturally や unavoidably も併せて覚えておきましょう。

298 invariably [invέəriəbli]　`SVL7`

いつも、決まって、例外なく

always

例文 Some people invariably forget to turn off their mobile phones. （決まって誰かが携帯電話を切り忘れている）

※variably（変わりやすく、変動的に）に、否定の意味の接頭辞in- が付いてできた語と理解しておきましょう。

299 notably [nóutəbli]　`SVL8`

明白に、特に目立って

worthy of being noted; especially

例文 The dropout rate has been notably lower. （退学率の低下が顕著だ）

300 starkly [stάːrkli]

厳然と、際立って、完全に

in an unsoftened, grimly blunt manner

例文 We must look starkly at the challenges. （私たちは課題に厳然と向き合わなければならない）

例文の復習です。日本語の意味になるよう、空欄を埋めましょう。埋められなかった場合には、前の見開きページに戻って確認しましょう（答えはこのページ下にあります）。

① この絵画は、見た目に美しいものではない。

This painting is not ae＿＿＿＿＿＿＿ pleasing.

②あなたはほぼ間違いなく、わが野球チームの最強打者だ。

You are ar＿＿＿＿ the best hitter on our baseball team.

③ ビーチはどうしたって混雑するだろう。

The beach will in＿＿＿＿＿ be crowded.

④ 決まって誰かが携帯電話を切り忘れている。

Some people in＿＿＿＿＿ forget to turn off their mobile phones.

⑤ 退学率の低下が顕著だ。

The dropout rate has been no＿＿＿＿ lower.

⑥ 私たちは課題に厳然と向き合わなければならない。

We must look st＿＿＿＿ at the challenges.

●Review の答え
① aesthetically　② arguably　③ inevitably　④ invariably　⑤ notably
⑥ starkly

先ほどより例文が長くなります。ヒントも参考にしながら、日本語の意味になるよう空欄を埋めましょう（答えは次のページにあります）。

① この絵画は、見た目に美しいものではないが、力強いメッセージがある。

This painting is not _____ p_____, but it does have a powerful message.

「見た目に美しい」は「美的に心地よい」と考えましょう。

② ジムはかなりうまいが、あなたはほぼ間違いなく、わが野球チームの最強打者だ。

Jim is pretty good, but you are _____ the b____ h_____ on our baseball team.

③ 明日は祝日でお天気も良さそうだから、ビーチはどうしたって混雑するだろう。

Tomorrow's a national holiday and the weather looks good, so the beach will _____ b_ c_____.

副詞は助動詞と動詞の間に置かれることが多い点に注意しましょう。

④ 映画館では、決まって誰かが携帯電話を切り忘れていて、他人に迷惑をかけることになる。

At the movie theater, some people _____ f_____ to turn off their mobile phones and end up disturbing others.

⑤ この20年間で、高校の退学率の低下が顕著だ。

Over the last two decades, the high school dropout rate has been _____ l_____.

⑥ 私たちは皆、わが社が直面する課題に厳然と向き合わなければならない。

We m____ all l____ _____ __ the challenges that our company faces.

副詞は、「動詞＋前置詞」の塊の間を割って使われることがあります。

答え合わせをしましょう。さらに自分でも使えるよう、音声のあとについてリピートしてみましょう。

① この絵画は、見た目に美しいものではないが、力強いメッセージがある。

This painting is not aesthetically pleasing, but it does have a powerful message.

② ジムはかなりうまいが、あなたはほぼ間違いなく、わが野球チームの最強打者だ。

Jim is pretty good, but you are arguably the best hitter on our baseball team.

③ 明日は祝日でお天気も良さそうだから、ビーチはどうしたって混雑するだろう。

Tomorrow's a national holiday and the weather looks good, so the beach will inevitably be crowded.

文中で副詞が使われる位置はさまざまですが、動詞要素・述語動詞を修飾する場合には、多くがbe動詞・一般動詞の直前か助動詞と動詞の間です。

④ 映画館では、決まって誰かが携帯電話を切り忘れていて、他人に迷惑をかけることになる。

At the movie theater, some people invariably forget to turn off their mobile phones and end up disturbing others.

⑤ この20年間で、高校の退学率の低下が顕著だ。

Over the last two decades, the high school dropout rate has been notably lower.

⑥ 私たちは皆、わが社が直面する課題に厳然と向き合わなければならない。

We must all look starkly at the challenges that our company faces.

副詞は、句動詞を構成する動詞と前置詞の間にも置かれます。

①左の**1.**～**6.**の単語に合う意味を右の**あ**～**か**から選び、カッコに記入しましょう。問題の一部は前の課からの出題です（答えはこのページ下にあります）。

1. invariably   [   ]   **あ** 実行可能な、現実味のある

2. starkly   [   ]   **い** 必然的に、否応なく

3. inevitably   [   ]   **う** いつも、決まって、例外なく

4. viable   [   ]   **え** 融通の利く、多面的な才能のある

5. versatile   [   ]   **お** 厳然と、際立って、完全に

6. wary   [   ]   **か** 用心深い、慎重な

②左の**a.**～**f.**の英語の定義に合う単語を右の**あ**～**か**から選び、カッコに記入しましょう。問題の一部は前の課からの出題です（答えはこのページ下にあります）。

a. inconceivable; beyond the ability to understand   [   ]   **あ** unthinkable

b. emotional, instinctive or intuitive, rather than intellectual   [   ]   **い** aesthetically

c. in a manner relating to art or beauty   [   ]   **う** notably

d. pulsating with life, vigor and energy   [   ]   **え** arguably

e. used when stating an opinion or belief that you think can be supported   [   ]   **お** visceral

f. worthy of being noted; especially   [   ]   **か** vibrant

Index

本書で取り上げた英単語300個をアルファベット順に掲載しました。学習にお役立てください（名＝名詞、形＝形容詞、副＝副詞、他＝他動詞、自＝自動詞の略です）。

Index

上級志向の英単語
Must-Have（マストハブ）300

発行日　2023年3月20日（初版）

編集：株式会社アルク 出版編集部
編集協力：株式会社オフィスLEPS
校正：挙市玲子、Margaret Stalker、Peter Branscombe
アートディレクション・デザイン：伊東岳美
イラスト：さかがわ成美
ナレーション：Rachel Walzer、Chris Koprowski
録音・編集：株式会社メディアスタイリスト
DTP：株式会社秀文社
印刷・製本：シナノ印刷株式会社

発行者：天野智之
発行所：株式会社アルク
　　　　〒102-0073　東京都千代田区九段北4-2-6　市ヶ谷ビル
　　　　Website：https://www.alc.co.jp/

地球人ネットワークを創る

アルクのシンボル
「地球人マーク」です。